人工智能
与电力现货市场预测

Artificial Intelligence and Power Spot Market Prediction

杨光 著

·北京·

内容简介

本书系统介绍了电力现货市场的预测机制及计算机技术的应用。首先，分析了电力现货市场的定义、特点和现状，并探讨了计算机技术在电力现货市场中的应用潜力。其次，重点解析了负荷预测、价格预测和风险预测的具体问题，涵盖理论介绍、技术应用和案例分析三部分，理论部分阐述了预测方法及其局限性，技术应用部分深入探讨了计算机技术的应用方案，案例分析部分通过真实数据验证了技术的实践性。最后，展望了电力现货市场的未来发展，特别是人工智能和大数据等新技术的应用前景。

本书可供电力行业从业者参考，如发电企业、供电公司、售电公司的管理人员、交易员、工程师等，也可供能源领域科研人员与高校相关专业的师生学习。

图书在版编目（CIP）数据

人工智能与电力现货市场预测 / 杨光著 . -- 北京：化学工业出版社，2025.5. -- ISBN 978-7-122-47748-4
I. F426.61-39
中国国家版本馆 CIP 数据核字第 2025MU4414 号

责任编辑：吕梦瑶　陈景薇　　　　文字编辑：冯国庆
责任校对：宋　夏　　　　　　　　装帧设计：刘丽华

出版发行：化学工业出版社
　　　　　（北京市东城区青年湖南街13号　邮政编码100011）
印　　装：北京科印技术咨询服务有限公司数码印刷分部
710mm×1000mm　1/16　印张10¼　字数150千字
2025年6月北京第1版第1次印刷

购书咨询：010-64518888　　　　　售后服务：010-64518899
网　　址：http://www.cip.com.cn
凡购买本书，如有缺损质量问题，本社销售中心负责调换。

定　价：98.00元　　　　　　　　　　　　　版权所有　违者必究

前　言

随着全球对可持续发展和能源效率的日益关注，电力现货市场的构建与发展愈发重要。电力现货市场作为一种灵活的电力交易机制，能够有效反映实时供需状况，促进资源的合理配置。在这一背景下，电力市场的预测技术成为研究的重点，尤其是计算机技术在市场预测中的应用，展现出极大的潜力。

本书旨在深入探讨人工智能与电力现货市场预测，系统分析其发展背景、核心理论及技术结合。第一章介绍电力现货市场的定义、特点及现状，并展望未来发展趋势，概述计算机技术的发展历程及其在能源领域的应用，强调其在电力市场中的优势。第二章聚焦于电力负荷预测，讨论负荷预测的重要性、传统方法及现代机器学习和深度学习的应用，比较不同模型的优缺点。第三章分析电力价格预测，探讨价格波动的原因和预测模型的选择，介绍统计学与计算智能方法的应用，以提高价格预测的准确性。第四章分析电力市场风险，包括价格风险、负荷风险及政策风险，并介绍计算机技术在风险评估中的应用。第五章展望电力现货市场预测的发展前景，探讨新能源的影响、市场预测技术的前沿发展，以及人工智能的深度应用和模型优势，指出电力市场预测中面临的实际挑战。

通过系统分析与前瞻性研究，本书旨在为电力行业的从业者、研究者和相关决策者提供具有参考价值的见解，促进电力市场的智能化与可持续发展。期待本书能够为推动电力市场的创新与优化提供理论支持与实践指导。

著者

目 录

第一章 计算机技术在电力现货市场中的应用背景 ······1
第一节 电力现货市场的概述 ······1
一、电力现货市场的定义 ······1
二、电力现货市场的特点 ······3
三、电力现货市场的现状 ······5
四、电力现货市场的未来发展趋势 ······8
第二节 计算机技术的基本概述 ······10
一、计算机技术的发展历程 ······10
二、计算机技术的主要应用领域 ······13
三、计算机技术在能源领域的应用 ······15
四、计算机技术在电力市场中的优势 ······17
第三节 电力现货市场预测的理论基础 ······20
一、电力负荷预测的基本理论 ······20
二、电力价格预测的基本理论 ······22
三、预测模型与方法简介 ······24
四、现有预测方法的比较 ······27
第四节 计算机技术与电力市场预测的结合 ······29
一、大数据在电力市场预测中的应用 ······29
二、云计算在电力市场预测中的应用 ······31
三、人工智能在电力市场预测中的应用 ······33

第二章 电力现货市场的负荷预测 ······36
第一节 负荷预测的基本方法 ······36
一、负荷预测的重要性 ······36
二、负荷预测模型的选择 ······38
三、负荷预测模型的评估标准 ······40
第二节 机器学习在负荷预测中的应用 ······42
一、机器学习的基本概念 ······42
二、机器学习算法介绍 ······44
三、机器学习在负荷预测中的流程 ······46
四、负荷预测中的机器学习模型比较 ······48

第三节　深度学习在负荷预测中的应用 49
　　一、深度学习的原理与应用 49
　　二、深度学习模型架构介绍 51
　　三、深度学习在电力负荷预测中的实践 54
　　四、深度学习模型优化方法 56

第三章　电力现货市场的价格预测 59

第一节　价格预测的理论基础 59
　　一、电力市场价格波动的原因 59
　　二、价格预测模型的选择 61
　　三、价格预测模型的评价标准 63
　　四、电力价格预测的重要性 64

第二节　统计学方法在价格预测中的应用 66
　　一、时间序列分析法和回归分析方法 66
　　二、线性回归模型 69
　　三、VAR 模型和 VECM 模型 70
　　四、统计学方法的优势和局限性 72

第三节　计算智能方法在价格预测中的应用 74
　　一、人工神经网络模型 74
　　二、遗传算法和粒子群优化算法 77
　　三、支持向量机算法 79
　　四、计算智能方法的应用效果 80

第四章　电力现货市场的风险预测 83

第一节　电力市场风险的种类 83
　　一、市场价格风险 83
　　二、电力负荷风险 85
　　三、政策风险 87
　　四、自然灾害风险 89

第二节　风险评估的常用方法 92
　　一、风险评估的基本流程 92
　　二、风险评估的定性方法 94
　　三、风险评估的定量方法 96
　　四、风险评估模型的选择 98

第三节 计算机技术在风险评估中的应用 …… 100
一、大数据在风险评估中的作用 …… 100
二、机器学习在风险评估中的应用 …… 103
三、风险评估模型的优化 …… 105
四、计算机技术在风险预测中的优势 …… 107

第四节 风险预测的分析 …… 109
一、基于计算机技术的风险预测 …… 109
二、风险预测模型的效果对比 …… 111
三、提升风险预测精度的建议 …… 113
四、风险预测的未来发展方向 …… 115

第五章 电力现货市场预测的发展前景 …… 118

第一节 电力现货市场预测的未来趋势 …… 118
一、新能源对市场预测的影响 …… 118
二、市场预测技术的前沿发展 …… 120
三、预测模型的创新与优化 …… 122

第二节 人工智能在电力现货市场预测中的发展 …… 124
一、人工智能的最新进展 …… 124
二、人工智能在市场预测中的深度应用 …… 126
三、人工智能预测模型的优势 …… 128
四、人工智能的未来前景 …… 130

第三节 计算机技术与电力市场的深度融合 …… 132
一、边缘计算技术在电力市场中的应用 …… 132
二、区块链在电力市场中的应用 …… 134
三、物联网在电力市场中的应用 …… 138
四、综合技术对电力市场预测的影响 …… 140

第四节 电力现货市场预测的实践挑战 …… 143
一、预测精度的提升难点 …… 143
二、数据获取与处理的难点 …… 146
三、模型泛化能力的问题 …… 149
四、实际应用中的其他挑战 …… 151

结　语 …… 155

参考文献 …… 156

第一章 计算机技术在电力现货市场中的应用背景

第一节 电力现货市场的概述

一、电力现货市场的定义

电力现货市场，顾名思义，是指电力作为一种商品，在特定的交易时间内，通过集中竞价等方式进行买卖的市场。这一概念最初源自美国的"power spot market"，其理论基础是麻省理工学院 Schweppe 教授提出的"现货定价"理论。该理论强调电能价格应像电压和频率一样，能够实时计算和控制，以更好地反映电力市场的供需关系和价格变动。

1. 电力现货市场的核心特征

电力现货市场具有几个显著的特征，这些特征共同构成其独特的交易机制和运营模式。电力现货市场是一个竞争性市场，在电力现货市场中，供需双方通过特定的交易平台，按照交易规则进行集中竞价，从而确定电能交易的数量和价格。这种竞争机制有助于优化电力资源配置，提高电力供应效率。

电力现货市场具有实物交易的属性，与金融衍生品市场不同，电力现货市场的交易标的是实际的电能量，而非某种金融合约。这意味着交易双方在完成交易后，必须实际交割电能量，以满足电力供需双方的实际需求。

电力现货市场的交易周期通常较短，一般是日或者更短的周期。这种交易周期的设置有助于更及时地反映电力市场的供需关系和价格变动，从而提高市场的灵敏度和反应速度。同时，由于电力无法大规模存储，电力现货市场还需要维持实时平衡的特殊市场规则，以确保电力供需双方能够实时匹配。

2. 电力现货市场的交易类型

根据交易时间和方式的不同，电力现货市场可以分为多种类型。日前市场是电力现货市场的重要组成部分，日前市场允许发电侧报量报价，而用户侧报量不报价。市场通过集中优化计算，形成运行日的交易结果，包括对机组运行参数、电网运行边界条件等多方面的考量。日前市场的定价机制是现货市场建设的核心问题之一，常见的定价机制包括系统边际电价、分区边际电价等。

除了日前市场外，电力现货市场还包括日内市场和实时市场等交易类型。日内市场是在日前市场闭市后至实时市场开启前的某时段内进行的电力交易，而实时市场则是在系统实际运行前的一段时间内进行的电力交易。这些不同类型的交易市场共同构成电力现货市场的完整体系，为电力供需双方提供多样化的交易选择。

3. 电力现货市场的意义与作用

电力现货市场的存在和发展对于电力行业具有深远的意义和作用，它有助于优化电力资源配置。通过竞争机制，电力现货市场能够引导发电企业科学调节产能，实现电力资源的经济高效配置。电力现货市场有助于提高电力供应的稳定性。通过实时交易和实时结算，电力现货市场能够及时反映电力市场的供需关系和价格变动，从而确保电力供应的连续性和稳定性。

电力现货市场还有助于推动电力市场的公平竞争，通过透明的交易规则和公开的市场竞争，电力现货市场能够保障发电厂商和电力用户的合法权益，实现市场的公平公正。

电力现货市场作为电力市场体系的重要组成部分，其存在和发展对优化电力资源配置、提高电力供应稳定性和推动电力市场公平竞争具有重要意义。通过竞争机制、实物交易属性、短交易周期等核心特征以及多样化的交易类型，电力现货市场为电力供需双方提供了一个实时、高效、公平的交易平台。未来随着新能源技术的不断进步和电力市场的日益复杂化，电力现货市场将继续发挥重要作用，促进新能源的消纳和利用，推动电力行业的可持续发展。

二、电力现货市场的特点

电力现货市场的特点在于其特殊的运行机制与市场环境，这些特点共同塑造了市场的动态与交易模式。市场的实时性、价格波动性、竞争性以及透明度，都是其重要特征，理解这些特点有助于深入分析电力市场的复杂性与发展潜力。

1. 实时性与动态性

电力现货市场的实时性表现得尤为突出，供电和用电之间的即时匹配成为市场运作的核心。电力作为一种不能储存的商品，其需求和供应必须在短时间内迅速调整。市场参与者在每个交易时段都需实时监控电力需求、天气变化及发电机组的运行状态。这一过程要求相关系统具备高度的响应能力，以便及时对变化做出反应。

实时性带来的挑战之一是预测精度的提升。为了保持市场的有效性，电力生产商和消费者必须依赖先进的数据分析工具和算法，才能快速、准确地预测短期内的电力需求。数据显示，在高需求时段，需求预测的误差高达15%。这种不确定性促使市场参与者不断改进预测模型，以确保供需平衡，并减少因预测错误导致的经济损失。

市场动态性的另一个重要方面是价格的即时形成，电力现货市场通常采用"拍卖式"交易机制，供给方和需求方的报价要在特定时段内进行竞争。这种机制促使价格迅速反映市场的供需变化，保证电力资源的高效分配。价格的波动不仅反映了市场参与者的竞争，也折射出外部环境的影响，如气候变化、政策调整及技术进步等。

2. 价格波动性与风险管理

电力现货市场的价格波动性是其不可忽视的特征，价格的剧烈变化会影响市场参与者的收益与决策。价格波动的成因多样，包括季节性需求变化、突发性事件以及市场参与者的行为等。研究表明，电力现货市场的价格波动范围为10%~30%，极端情况下更高。这种波动性不仅给生产者带来经营压力，也对消费者的用电成本产生直接影响。

面对这种价格波动，市场参与者必须具备有效的风险管理策略。企业通常会采用对冲工具，如期货合约和期权，以锁定未来的电力价格，减少潜在损失。同时，制定灵活的供电策略也是企业应对风险的重要方式。电力生产商可以根据实时市场价格调整发电计划，从而优化收益。除了传统的风险管理手段外，现代科技的进步也为市场参与者提供了新的解决方案。大数据分析和人工智能的运用，使得市场参与者能够更加精准地预测价格走势与需求变化。这不仅提升了市场的透明度，还为参与者提供了更科学的决策依据。

价格波动性在某种程度上也反映了市场的健康程度，适度的波动意味着市场活跃，参与者之间的竞争能够有效促进资源的优化配置；过度的价格波动则会导致市场失灵，严重时甚至影响电力系统的稳定性。监管机构需要密切关注市场波动情况，确保市场健康运行。

3. 竞争性与市场透明度

电力现货市场的竞争性是其运行的重要基础，众多市场参与者之间的竞争关系推动着资源的优化配置。在竞争激烈的市场环境中，电力生产商为争取市场份额，通常会采取降价或提升服务质量等措施。这种竞争不仅体现在价格上，也体现在供电的可靠性和灵活性上，电力市场的开放程度直接影响参与者的竞争策略及市场价格的形成。

市场的透明度同样是确保竞争公平的重要因素，信息的公开与透明有助于降低信息不对称带来的风险，提升市场参与者的信任度。参与者在市场上能够获取实时的电力价格、交易量、供需情况等关键信息，这些信息的流通能够有效减少市场被操纵的可能性。监管机构在维护市场透明度方面扮演着关键角色,通过制定明确的规则和流程,确保市场的公平性。

在电力现货市场中,监管机制与竞争关系密切相关。监管机构需要对市场进行有效监控,防止不当行为的发生和市场被操控。通过对交易活动的审查与分析,监管机构能够及时发现市场异常波动,并采取措施予以干预。保障市场的透明与公正,为参与者提供一个良好的交易环境,是市场健康发展的重要前提。

电力现货市场的特点见表1-1,包括实时性、价格波动性、竞争性和市场透明度等,这些特点构成了其复杂的运行体系。理解这些特点不仅有助于市场参与者制定有效的策略,还能为政策制定者提供参考,以进一步优化市场机制,促进电力行业的可持续发展。

表1-1 电力现货市场的特点

特征	描述	影响因素	重要性
实时性	电力需求与供应需在短时间内快速匹配,确保供电的可靠性	天气、设备状态、需求变化	保证电力供应的有效性
价格波动性	价格在短期内剧烈波动,受多种因素影响	季节性需求、突发事件	影响参与者的收益与决策
竞争性	多个市场参与者之间的竞争促使价格趋向均衡	市场开放程度、参与者数量	提高资源配置效率
市场透明度	关键信息的公开与透明,降低信息不对称带来的风险	信息流通机制、监管力度	增强参与者的信任与公平性
风险管理能力	参与者采用对冲工具及灵活策略应对价格波动	市场波动性、决策能力	保障经济效益和可持续发展
技术依赖	先进技术在需求预测、数据分析等方面的应用	大数据、人工智能	提升市场反应速度和准确性

三、电力现货市场的现状

电力现货市场在近年来经历了显著的发展,市场规模不断扩大,参与者的多样性也随之增加。随着可再生能源的崛起与技术的进步,电力市场的结构和运行模式正在发生深刻的变化。实时交易机制的完善和市场监管的加强,为电力现货市场的健康发展奠定了基础。此时市场面临的机遇与挑战并存，电力现货市场的现状值得深入分析。

1. 市场规模与参与者多样性

电力现货市场的规模近年来持续增长，越来越多的国家和地区相继推出电力市场改革，推动现货交易机制的建立。根据最新数据，全球电力现货市场的交易规模已经超过千亿美元，参与者不仅包括传统的电力生产商，还涵盖独立发电商、能源服务公司、金融机构和大型工业用户等多种角色。多样化的参与者构成，有助于提升市场的活跃度，促进价格的形成与资源的优化配置。

在许多国家，电力市场的改革引入了更多竞争，鼓励新的市场参与者加入。以欧洲为例，随着欧洲电力市场一体化进程的推进，各国之间的电力交易不断增加，跨境交易为市场的流动性与稳定性提供了支持。参与者通过对市场信息的快速反应，能够实现更加灵活的交易策略，从而在激烈的市场竞争中占据优势。

可再生能源的快速发展，尤其是风能和太阳能的普及，推动了电力现货市场的变化。新型能源的加入使得市场供给结构更加多元化，同时也对价格波动性提出了更高的要求。随着可再生能源比例的提升，市场需要更高效的调度与管理机制，以应对间歇性和不稳定性带来的挑战。

市场参与者之间的互动日益频繁，信息的交流与共享成为提升市场效率的重要手段。数据分析、预测模型和智能算法的应用，使得参与者能够及时获得市场动态，做出精准的决策。信息的透明度与可获取性对电力现货市场的有效运作至关重要。

2. 技术进步与市场机制演变

电力现货市场的发展与技术进步密不可分，现代信息技术的应用正在深刻改变市场运行机制。大数据分析、人工智能和区块链等新兴技术的引入，使得市场参与者能够更好地预测电力需求与价格走势，从而优化交易策略。在数据分析的支持下，市场参与者能够识别潜在的交易机会，做出更加精准的判断。

实时数据监控系统的普及提高了电力市场的响应速度。市场参与者能够随时获取电力供需、价格波动及设备状态等关键信息，为实时决策提供了保障。智能调度系统的应用，使得电力调度更加高效，确保了电力供应的稳定性与经济性。研究显示，在应用智能调度系统的市场中，电力供应的效率提升了约20%。

市场机制的演变也体现在交易模式的多样化上，在传统的市场模式中，交易通常依赖单一的现货市场，而现在越来越多的市场开始引入衍生品交易，如电力期货和期权。多元化的交易方式，不仅为市场参与者提供了更多的选择，也使得风险管理工具更加丰富。参与者可以根据自身的需求，选择适合的交易方式来应对市场波动。

监管机构在技术进步与市场演变中的作用同样不可忽视，有效的监管机制能够确保市场的公平性与透明度，为市场参与者提供一个稳定的交易环境。监管机构应密切关注新技术的应用对市场的影响，及时调整监管政策，以应对不断变化的市场环境。

3. 面临的挑战与市场前景

尽管电力现货市场在规模和技术应用上取得了显著进展，但也面临着多重挑战。价格波动的加剧给参与者的风险管理带来了困难，尤其是在可再生能源比例日益上升的背景下，市场的波动性变得更加复杂。价格的不确定性对电力生产商的盈利能力造成影响，迫使他们在运营策略上进行调整。市场的透明度仍然需要进一步提高，尽管信息共享机制在不断完善，但依然存在信息不对称的问题。一些市场参与者在信息获取上处于劣势，导致市场竞争不公平。监管机构应继续加强市场监管，确保信息公平流通，以提升市场的整体信任度。技术的快速发展同样带来了挑战，新的技术手段在提升市场效率的同时，也会引发新的问题。区块链的引入虽然有助于提高交易的透明度，但其复杂性和实施成本也会成为市场参与者的负担。市场需要在技术创新与成本控制之间找到平衡，以实现可持续发展。

电力现货市场的前景依然广阔，随着全球对可再生能源的重视，电力市场将迎来新的发展机遇。技术的不断进步将推动市场的进一步开放与合作，促进不同地区之间的电力交易。市场参与者需要不断提升自身的竞争力，以适应变化多端的市场环境。

四、电力现货市场的未来发展趋势

电力现货市场正处于快速变化的时期，技术进步和市场需求的变化不断推动市场的发展。随着可再生能源的普及和智能电网的推广，市场的运行模式与交易方式也在逐渐演变。面对复杂的市场环境，参与者需要适应新的趋势，以确保在激烈的竞争中保持优势。电力现货市场的未来发展趋势将集中在技术创新推动市场升级、市场结构的变革与融合以及政策导向与市场监管的优化等方面。

1. 技术创新推动市场升级

电力现货市场的未来发展将高度依赖技术创新，尤其是在大数据、人工智能和区块链等领域。大数据分析为市场参与者提供了精确的需求预测和实时监控能力，这在动态变化的市场环境中显得尤为重要。通过分析历史数据，参与者能够识别需求模式和价格走势，从而制定更为合理的交易策略。根据当前的数据，市场上使用大数据的企业，需求预测的准确性提高了20%以上，这显著减少了因供需不匹配带来的经济损失。

人工智能在电力现货市场中的应用前景广阔，智能算法能够快速分析大量数据，识别潜在的交易机会。通过深度学习和机器学习，参与者能够实时调整交易策略，以应对市场波动。智能算法可以根据实时价格和需求变化，自动优化发电调度，提高电力生产的灵活性与效率。这种自动化的交易方式，不仅提升了市场效率，还减轻了人工干预的负担。

区块链的引入为电力市场的透明度与安全性提供了新的解决方案，通过去中心化的交易平台，参与者可以在没有中介的情况下直接进行交易，从而降低交易成本和风险。区块链的不可篡改性保证了交易记录的真实性，有助于建立市场信任。尽管目前区块链在电力市场的应用仍处于初期阶段，但其潜力不可小觑，未来会成为推动市场变革的重要力量。

2. 市场结构的变革与融合

电力现货市场的未来发展还将体现出市场结构的变革与融合趋势，尤其是跨区域电力交易的日益增加。随着可再生能源的比例逐步提升，电力市场将更加依赖不同地区之间的合作与资源共享。在许多国家，建立跨国电力市场已经成为一种趋势，市场结构的变化有助于优化资源配置，提升整体效率。研究表明，跨国电力交易能够有效降低电力成本，预计在未来十年内，这一市场规模将达到数百亿美元。

市场结构的变革也体现在新兴商业模式的涌现上，虚拟电厂的概念正在逐渐受到重视，多个小型分布式能源通过联合管理形成虚拟电厂，集中调度以优化发电和用电。这种模式不仅提升了小型可再生能源的竞争力，还增强了电力系统的灵活性。虚拟电厂能够在需求高峰期快速响应，提高系统的可靠性。

电力市场与其他行业的融合也在加速，电动汽车的普及带动了电力市场与交通运输行业的紧密结合，充电桩的布局和电池储能系统的开发将对电力需求产生深远影响。随着电动汽车充电需求的增加，市场将面临新的挑战与机遇，灵活的市场机制能够更好地应对这些变化。

3. 政策导向与市场监管的优化

政策导向在电力现货市场的未来发展中扮演着关键角色，合理的政策可以促进市场的健康发展与可持续性。各国政府应加强对电力市场的监管，确保市场的公平竞争与透明交易。随着市场的复杂性增加，监管机构需要不断调整政策，以适应新兴技术与商业模式的发展。这一过程需要综合考虑市场参与者的利益，确保各方都能在市场中获得合理的回报。在政策支持下，电力市场应鼓励可再生能源的开发与利用。各国政府通过补贴、税收优惠和绿色证书等措施，激励企业投资可再生能源项目。这种政策导向不仅能促进可再生能源的快速增长，也将为电力市场带来新的活力和竞争。数据表明，未来十年，全球可再生能源的投资预计达到 2 万亿美元，这将对电力现货市场产生深远影响。市场监管的有效性将直接影响市场的稳定性与安全性。监管机构需要加强对市场行为的监控，防止不当行为和市场操纵的发生，确保参与者的合法权益得到保护。随着技术的进步，监管工具也应与时俱进，采用新的数据监控与分析手段，提高监管效率。

电力现货市场的未来发展趋势将受到技术创新、市场结构变革以及政策导向的深刻影响。面对新的机遇与挑战，市场参与者需要不断调整战略，以适应快速变化的环境，确保在竞争中立于不败之地。电力现货市场的健康发展不仅依赖技术进步和市场机制的完善，也需要各方的共同努力，推动可持续发展目标的实现。

第二节　计算机技术的基本概述

一、计算机技术的发展历程

计算机技术的发展经历了多个阶段，从早期的机械计算设备到现代的高性能计算机，其演变伴随着科学技术的进步与社会需求的变化。最初的计算机主要用于数值计算，随着时间的推移，计算机逐渐成为信息处理、自动控制和数据分析的重要工具。当前，计算机技术不仅在科研、工业和商业领域发挥关键作用，更为电力现货市场等专业领域的预测与分析提供了强有力的技术支持。

1. 早期计算机技术的起源与发展

计算机技术的起源可以追溯到 20 世纪 40 年代，第一台电子计算机 ENIAC 的问世标志着计算机时代的开始。这台计算机虽然体积庞大，且功能相对单一，但它的诞生开启了信息处理的新纪元。随着技术的不断进步，计算机逐渐向小型化和高效化方向发展。20 世纪 50 年代，晶体管的出现使得计算机的体积大幅缩小，性能显著提高，开启了第二代计算机的时代。

20 世纪 60 年代，集成电路的应用进一步推动了计算机技术的发展。计算机不仅能够执行复杂的运算，还具备存储与处理大量数据的能力。随着操作系统和编程语言的发展，计算机的使用变得更加普及，研究人员与企业开始探索其在各个领域的应用。数据处理的需求不断增长，使得计算机在商业、科研和工业等领域的应用逐步扩大。

20 世纪 70 年代，个人计算机的问世改变了计算机技术的发展轨迹，Apple Ⅱ 等早期个人计算机的推出，使得计算机逐渐走进普通家庭和小型企业。此时计算机技术不再局限于科研和大型企业，更多的用户开始参与到计算机的使用中。随着互联网的兴起，计算机与通信技术的结合，使得信息的获取与传播变得更加便捷。

进入21世纪，计算机技术迎来了高速发展的时代，云计算、大数据、人工智能等新兴技术的出现，进一步提升了计算机的计算能力，拓展了计算机的应用范围。在电力行业，计算机技术的应用已经从传统的数据处理，逐步向智能预测、实时监控等方向发展，助力电力市场的现代化。

2. 计算机技术在电力行业的应用演变

随着电力行业对效率和可靠性的不断追求，计算机技术的应用也逐步深入。早期的电力系统主要依赖人工计算和传统设备，效率较低且易出错。20世纪80年代，电力系统自动化技术的引入，使得计算机在电力调度、负荷预测等方面开始发挥重要作用。这一时期，计算机技术的核心应用主要集中在数据采集与监控系统，利用计算机进行数据的实时监测与分析，提升了电力系统的运行效率。

20世纪90年代，随着计算机技术的进一步发展，电力行业开始引入高级的管理软件和决策支持系统。这些系统能够对大量历史数据进行分析，帮助电力公司进行合理的资源调配与风险管理。计算机技术不仅提高了数据处理的速度，还增强了决策的科学性。市场竞争的加剧迫使企业不得不依赖技术来提升自身的竞争力。

进入21世纪，电力市场的改革与开放带来了新的机遇与挑战，计算机技术在电力现货市场中的应用日益重要。数据挖掘与机器学习等先进技术的应用，使得电力市场参与者能够更准确地预测需求与价格走势。根据当前的研究，利用这些技术进行电力需求预测的准确性已提升至85%以上，这对于电力公司在竞争中保持优势至关重要。

智能电网技术的出现，使得电力系统的管理和控制变得更加高效与灵活。智能电表和实时监测系统的应用，使得电力消费数据能够实时传输，企业可以快速响应市场变化，调整供给策略。这种实时响应能力不仅提高了电力供应的可靠性，也为电力市场的动态调节提供了支持。

3. 未来计算机技术的发展方向

计算机技术在电力行业的应用将继续向更高水平发展,随着量子计算的研究进展,计算能力将迎来质的飞跃,解决复杂的电力市场问题将变得更加可行。量子计算的引入,会改变电力需求预测、负荷优化等多个领域的传统计算方式,进而提升市场效率与经济性。

人工智能的进步将推动电力市场的智能化发展,基于深度学习的预测模型将更广泛地应用于电力需求预测与价格分析,实时数据的处理能力将不断增强。电力市场参与者可以利用这些智能技术,快速适应市场变化,制定更为精准的策略,最大限度地降低运营风险。物联网的普及也将对电力市场的运作产生深远影响,通过将各种设备连接到网络,电力系统将能够实现更加精细化的管理。实时数据的采集与分析,使得电力市场能够更好地掌握供需变化,从而优化资源配置,提升系统的灵活性与响应能力。

计算机技术的发展历程见表1-2,展现了技术与社会需求之间的密切关系,电力行业的技术进步离不开计算机的支持,而未来的发展将更加依赖新技术的融合与创新。市场的竞争与变化,要求电力行业不断更新技术手段,以实现可持续发展与高效运营。

表1-2 计算机技术的发展历程

时间	事件与发展	说明
20世纪40年代	ENIAC问世	第一台电子计算机,开启了计算机时代
20世纪50年代	晶体管的出现	替代真空管,促进计算机小型化和高效化
20世纪60年代	集成电路的应用	大幅提高计算机性能与存储能力
20世纪70年代	个人计算机的问世	Apple Ⅱ等早期个人计算机的推出,使计算机进入家庭和小型企业
20世纪80年代	电力系统自动化技术的引入	开始应用计算机进行电力调度与负荷预测
20世纪90年代	高级管理软件和决策支持系统的引入	提高数据处理速度和决策的科学性
21世纪00年代	大数据与机器学习的应用	精确预测电力需求与价格走势,提升市场竞争力

续表

时间	事件与发展	说明
21世纪10年代	智能电网技术的推广	实时监测与数据传输,提高电力供应的可靠性
21世纪20年代	量子计算和物联网的逐步应用	预计会改变电力需求预测与系统管理方式

二、计算机技术的主要应用领域

计算机技术在现代社会中发挥着至关重要的作用,其应用领域广泛,涵盖了从科研、工业到商业的各个方面。在电力行业,计算机技术的应用尤为显著,涵盖了电力系统的监控与管理、数据分析与决策支持、负荷预测与市场交易等多个环节。这种技术的深入应用不仅提高了电力行业的运行效率,还为电力现货市场的健康发展提供了强大的支持。

1. 电力系统监控与管理

电力系统监控是确保电力供应安全与可靠的重要环节,在这一领域,计算机技术的应用使得实时监测和故障诊断变得更加高效。现代电力系统的复杂性和庞大规模,要求对各个环节进行精细化管理。监控系统能够实时采集和分析电力设备的运行数据,为电力运营商提供全面的决策支持。

SCADA(监控与数据采集)系统是电力系统监控中的重要组成部分,该系统能够通过传感器采集电网的各类数据,并在中心控制室实时显示,便于操作人员及时掌握电力系统的运行状态。技术的引入使得故障检测与响应时间大幅缩短,提升了系统的安全性与稳定性。根据数据,现代SCADA系统能够将故障响应时间缩短至10分钟以内,极大地降低了电力中断的风险。

在负荷管理方面,计算机技术的应用同样显著。电力公司利用计算机技术分析历史负荷数据,结合气象信息和社会经济因素进行准确的负荷预测。这种精准的预测能力使得电力公司能够合理调度发电与输电资源,避免不必要的资源浪费。当前,许多电力公司已将负荷预测的准确性提升至90%以上,这为企业的经济效益和可持续发展奠定了基础。

智能电网的兴起进一步推动了电力系统监控的进步,智能电表的普及使得用电数据能够实时传输,用户的用电行为能够被及时监测,电力公司能够依据实时数据进行动态调度,确保电力供需平衡。这种动态管理模式不仅提升了供电可靠性,也为用户提供了更加灵活的用电选择。

2. 数据分析与决策支持

电力行业积累了大量的数据,如何有效分析这些数据并进行科学决策,成为行业发展的关键。计算机技术在数据分析领域的应用,为电力公司提供了强有力的工具,支持其在复杂环境中做出精准决策。数据挖掘与机器学习的结合,使得电力市场参与者能够从海量数据中提取有价值的信息。

数据挖掘的引入,使得电力公司能够识别出潜在的市场趋势与用户需求。通过对历史电力消耗数据的分析,企业能够发现消费模式、季节性波动以及异常用电情况。洞察力为电力公司提供了制定定价策略和营销活动的重要依据,帮助其更好地满足客户需求并提升市场竞争力。

机器学习算法在电力行业中的应用同样不容忽视。通过对复杂数据集进行训练,机器学习模型能够预测未来的电力需求与价格变化。预测能力为电力公司在市场交易中提供了有效的参考,减少了因市场波动带来的风险。根据研究,基于机器学习的预测模型能够将电力价格的预测准确性提升至 85% 以上,为市场参与者提供了更为可靠的信息支持。

决策支持系统在电力行业中的应用,为管理层提供了科学的决策依据。这些系统能够整合多种数据源,对市场环境、设备状态和用户需求进行综合分析。决策支持系统不仅提升了管理效率,还增强了决策的科学性,使得电力公司能够在复杂多变的市场中保持竞争优势。

3. 负荷预测与市场交易

负荷预测在电力行业中至关重要,准确的负荷预测能够帮助电力公司优化资源配置,降低运营成本。计算机技术的应用,使得负荷预测的方法不断更新,从传统的经验预测逐渐向数据驱动的智能预测转变。采用先进的统计分析与机器学习技术，能够提高负荷预测的准确性，减少因预测错误导致的经济损失。

电力现货市场的交易机制也在计算机技术的推动下日益完善，市场参与者利用计算机技术进行实时交易，监测市场价格变化，以便及时做出响应。在高频交易的背景下，速度和准确性成为市场成功的关键因素。现代交易系统具备实时数据处理能力，可以在毫秒内完成交易决策，确保市场参与者在竞争中不落后。

市场交易中的风险管理同样离不开计算机技术的支持。电力公司通过计算机模型模拟不同市场情景，评估潜在风险。这种风险评估为电力公司制定合理的交易策略提供了科学依据，帮助其在不确定的市场环境中保持稳健的运营。量化交易策略的应用，能够帮助企业更好地应对价格波动，提高收益。电力市场的监管也受益于计算机技术的发展，实时监控系统能够追踪交易行为，确保市场的公平性与透明度。随着电力市场的开放与竞争加剧，健全的市场监管体系显得尤为重要。计算机技术的应用在提升监管效率的同时，也为市场的健康发展提供了保障。

技术的不断进步与应用深化，为电力行业的高效运作与可持续发展提供了强大的支持。随着技术的不断创新，计算机技术在电力行业的应用前景将更加广阔。

三、计算机技术在能源领域的应用

计算机技术在能源领域的应用已经成为现代能源管理与优化的重要基础，各类先进技术不断推动着能源生产、分配和消费方式的变革，提高了整体效率与可持续性。在这个过程中，计算机技术的整合与创新不仅提升了资源利用效率，还为应对全球能源挑战提供了有力支持。

1. 智能电网与能源管理系统

智能电网是计算机技术在能源领域的典型应用，其核心在于通过信息技术与电力系统的深度融合，实现电力供应的智能化与高效化。该系统的主要特点在于能够实时监测电力流动，确保供需平衡，优化资源配置。智能电网的部署不仅提高了电力系统的可靠性，还降低了运营成本。

在智能电网中，实时数据采集和分析至关重要。各类传感器和智能电表的使用，使得电力公司能够及时获取用电数据，进行全面分析。数据驱动的管理模式能够识别出潜在的负荷波动，及时调整发电与供电策略。根据统计数据，智能电网能够将电力损耗降低约15%，从而提高整体效率。

智能电网支持可再生能源的接入。风能和太阳能等可再生能源的波动性，使得电力系统面临新的挑战。计算机技术的应用使得电网能够灵活调节，优化不同来源的电力资源配置。通过先进的调度算法，智能电网可以在风速或光照条件变化时自动调整电力输出，确保系统稳定运行。

能源管理系统（EMS）作为智能电网的重要组成部分，借助计算机技术实现对能源使用的实时监控与管理。企业可以基于EMS分析能源消费模式，从而识别出能源浪费的环节。根据研究，实施有效的能源管理能够使企业的能耗降低20%~30%，这种节能效果不仅降低了运营成本，也有助于企业实现可持续发展目标。

2. 可再生能源的预测与优化

可再生能源在全球能源结构中所占比例日益增加，如何有效预测其产出并进行优化调度成为关键问题。计算机技术的进步，使得数据分析与机器学习成为解决这一问题的重要工具。

在风能预测中，计算机模型利用气象数据、地形信息以及历史发电记录，生成短期和长期的风力发电预测。通过复杂的算法，这些模型能够准确评估未来几小时或几天内的风速和发电量，提高了电力调度的精准度。数据显示，利用现代预测技术，风电预测的准确性已提升至85%以上，极大降低了因风能波动带来的风险。

对于太阳能发电，计算机技术同样发挥着重要作用。光伏发电的产出受天气和日照条件影响显著，准确的光照预测是优化调度的关键。结合气象模型与机器学习算法，太阳能发电预测能够在变化的天气条件下提供实时的发电预估。这种技术的应用，使得电力系统能够更有效地整合太阳能，减少对传统化石能源的依赖。

可再生能源的优化调度不仅体现在发电端，也体现在电力市场交易中。电力公司可以利用计算机技术分析市场价格走势和供需情况，制定合理的售电策略。通过智能决策系统，市场参与者能够对市场变化做出快速反应，优化自身的交易行为，以实现收益最大化。

3. 能源数据分析与决策支持

能源行业在运营过程中产生了海量数据，这些数据的分析和利用为行业决策提供了重要依据。计算机技术的应用使得数据处理与分析变得更加高效，能够从复杂的数据中提取有价值的信息，为企业的战略决策提供科学支持。

数据挖掘和机器学习在能源数据分析中得到广泛应用，能够识别出潜在的趋势和异常。利用这些技术，能源公司可以对市场需求、价格波动以及设备性能进行深入分析，从而实现精准管理。根据研究，采用先进数据分析方法的公司，其运营效率通常能提高 15%~25%。

预测模型在能源市场的风险管理中也发挥着重要作用，电力公司利用计算机模拟不同的市场情景，对潜在风险进行评估。风险分析能力为企业在不确定的市场环境中提供了决策依据，帮助其制定合理的投资与运营策略，降低潜在的经济损失。在政策制定方面，能源管理部门也依赖计算机技术进行数据分析。通过对能源消耗数据和环境影响的分析，政府可以制定出更加科学的能源政策，推动可持续发展目标的实现。这种数据驱动的政策制定方式有助于实现资源的有效配置与环境保护。

计算机技术在能源领域的应用涵盖了智能电网、可再生能源预测与优化以及数据分析与决策支持等多个方面，这些技术的深入应用，不仅提高了能源管理的效率和可靠性，也为实现全球能源转型与可持续发展提供了有力支持。

四、计算机技术在电力市场中的优势

计算机技术在电力市场中的应用为行业带来了诸多优势，提升了市场的运行效率和透明度。通过先进的数据处理与分析能力，电力市场的参与者能够在瞬息万变的市场环境中做出更为科学的决策。这种技术的整合不仅提高了电力供应的可靠性,还促进了市场竞争,推动了可再生能源的广泛应用。

1. 实时数据处理与决策支持

在电力市场中,实时数据处理是关键能力之一。现代计算机技术能够对电力供应、需求、价格变化等各类信息进行实时监测和分析。各种传感器和智能设备的广泛应用,使得电力公司能够快速获取市场动态信息,从而提升决策的及时性与准确性。

实时数据的获取使得电力市场的参与者能够迅速做出反应,电力公司、交易者及监管机构通过数据分析,能够及时了解供需情况、价格波动和市场趋势。及时的信息反馈机制,使得市场参与者能够迅速调整策略,以应对变化的市场环境,降低因信息滞后带来的风险。

计算机技术的应用还使得决策支持系统日益智能化,通过复杂的算法和数据模型,电力公司可以预测未来的电力需求和价格走势。预测能力不仅能帮助公司合理调配资源,还能使公司在市场交易中占据先机。研究表明,采用数据驱动的决策系统后,电力公司的市场竞争力普遍提升,运营效率提高了15%~20%。

实时数据分析的价值还体现在风险管理方面,电力市场的不确定性使得风险控制尤为重要。计算机模型能够模拟不同的市场情景,评估潜在的风险因素,并提供相应的风险应对策略。具有前瞻性的风险管理方式为电力市场的稳定运营奠定了基础。

2. 优化资源配置与调度

计算机技术在电力市场中的另一个重要优势在于优化资源配置与调度。现代电力系统面临多重挑战,包括可再生能源的接入、负荷波动和市场竞争加剧等。智能调度系统能够通过高效的数据分析与计算,实现对电力资源的动态优化配置。

智能调度系统整合了发电、输电和配电各环节的数据,使得电力公司能够根据实时需求动态调整发电计划。灵活的调度方式能够在保证电力供应的前提下,最大限度地降低发电成本。

在可再生能源接入方面，计算机技术同样发挥着关键作用。风能和太阳能的间歇性和不稳定性，对电力系统的调度提出了更高的要求。利用先进的算法，智能调度系统能够根据天气预测和历史发电数据，灵活调整传统发电机组的运行策略，确保系统的稳定性。通过这种方式，电力公司不仅能够提高可再生能源的利用率，还能减少对化石燃料的依赖，促进可持续发展。

资源优化的效果也体现在电力市场的竞争策略上，市场参与者可以利用计算机模型分析竞争对手的行为，制定合理的价格策略。在动态的市场环境中，优化资源配置与调度能力为企业赢得了市场份额，提高了盈利水平。

3. 增强市场透明度与公平性

电力市场的透明度和公平性对于行业的健康发展至关重要，计算机技术的应用使得市场信息的获取和传播变得更加高效和便捷。市场参与者能够实时获取相关的市场数据和交易信息，信息的公开和透明降低了信息不对称带来的风险。透明的市场环境有助于增强参与者之间的信任，各类市场数据的可访问性使得电力公司、消费者和监管机构能够在公平的基础上进行交易和决策。市场参与者能够基于公开的信息做出合理的判断，从而提高市场竞争的质量。计算机技术还支持市场监管的有效性，监管机构利用先进的数据分析工具，对市场交易进行实时监控。监管能力不仅能够及时发现潜在的违规行为，还能确保市场规则的有效执行。市场透明度的提升也促进了消费者的参与，在信息高度透明的市场中，消费者能够更清晰地了解电力价格、供应情况及服务质量，进而做出更为明智的选择。

计算机技术在电力市场中提供了多方面的优势，涵盖实时数据处理、资源优化与调度以及市场透明度的提升。技术的广泛应用不仅提高了电力市场的运行效率，还促进了公平竞争与可持续发展。随着技术的不断演进，未来电力市场将更加智能化与高效化。

第三节　电力现货市场预测的理论基础

一、电力负荷预测的基本理论

电力负荷预测作为电力系统运营的重要环节，会直接影响电力的生产和调度。准确的负荷预测不仅有助于电力公司合理配置资源，还能提高系统的可靠性，降低运行成本。随着计算机技术的发展，预测模型日趋多样化，传统的统计方法与现代的机器学习相结合，使得负荷预测的精确度显著提升。电力负荷预测不仅涉及历史用电数据的分析，还需要考虑气象、经济和社会等多重因素的影响。通过建立有效的预测模型，电力行业能够在瞬息万变的市场环境中保持稳定运营，确保电力供应与需求的平衡。

1. 电力负荷预测的基本概念与方法

电力负荷预测的基本概念主要包括短期负荷预测和长期负荷预测。短期负荷预测通常指的是对接下来几个小时至几天的电力需求进行预测，具有较高的时效性和实时性，这种预测通常受到天气变化、季节性波动及社会活动的影响。传统的预测方法如时间序列分析、线性回归等被广泛应用于短期负荷预测，但在应对复杂非线性关系时，其效果常常不尽如人意。

长期负荷预测则针对更长时间的需求，如月度、季度或年度预测，此类预测需要考虑经济发展、人口增长、政策变化等多种因素，常用的方法包括回归分析、灰色预测和神经网络等。近年来，随着计算能力的提升，基于人工智能的深度学习模型逐渐成为研究的热点，这些模型能够自动提取数据特征，提高预测的准确性。

电力负荷预测的核心在于数据的处理与分析。收集高质量的历史用电数据，进行有效的数据预处理，是建立准确预测模型的基础。在此过程中，数据清洗、缺失值处理和异常值检测等环节不可忽视。使用合适的数据预处理技术可以显著提高后续模型的性能。

2. 影响电力负荷的因素分析

电力负荷受到多种因素的影响,其中天气条件是最为显著的因素之一,温度、湿度、降水量等气象因素会直接影响用户的用电需求。夏季高温时,空调的使用频率增加,导致负荷显著上升。

经济因素同样在负荷预测中占有重要地位,随着经济发展水平的提高,工业和商业用电需求持续增长。电力负荷的变化与国内生产总值(GDP)增长率、工业产值、居民收入等经济指标密切相关。在进行负荷预测时,必须考虑经济发展对用电需求的影响。根据数据分析,经济增长与电力负荷的相关性高达80%。

社会因素也不可忽视,人口增长、城市化进程和居民生活方式的变化均会影响电力的整体需求。随着城市化进程的加快,城市居民的生活方式逐渐趋向于高能耗,导致电力需求不断上升。社会节日和活动对负荷也有显著影响,节假日期间,商业和家庭用电往往会出现高峰。预测模型需要整合这些社会活动信息,以提高负荷预测的准确性。

3. 计算机技术在电力负荷预测中的应用

随着计算机技术的迅速发展,负荷预测的方法与工具也在不断演进。现代计算机技术的应用使得数据处理与分析更加高效,尤其是在大数据环境下,能够处理海量用电数据并进行深入分析。机器学习和深度学习算法在负荷预测中展现出强大的能力,能够从复杂数据中学习并提取潜在模式。

支持向量机(SVM)、随机森林和长短期记忆网络(LSTM)等先进算法在负荷预测中取得了显著效果。研究表明,基于深度学习的负荷预测模型相比于传统模型,预测精度提升了15%~25%。准确性的提升不仅有助于电力公司进行更合理的调度,还能显著降低因负荷预测错误而带来的经济损失。

除了算法的进步外,计算能力的提升也为负荷预测提供了支持,高性能计算平台的应用使得复杂模型的训练与优化变得更加可行。云计算与大数据的结合,能够实时处理和分析大规模的电力数据,为负荷预测提供更为精确的信息基础。

电力负荷预测的基本理论涵盖了预测方法、影响因素以及计算机技术的应用等多个方面，准确的负荷预测不仅依赖先进的数学模型与算法，更需要综合考虑气象、经济和社会等多种因素。随着计算机技术的不断进步，负荷预测的准确性和可靠性有望进一步提升。这一过程不仅推动了电力市场的发展，也为电力行业的可持续发展奠定了基础。有效的负荷预测将为电力系统的安全运行提供坚实保障，助力实现更高效、更绿色的电力供应。

二、电力价格预测的基本理论

电力价格预测在电力市场中扮演着至关重要的角色，直接影响电力生产、分配和消费的各个环节。准确的价格预测不仅有助于电力公司制订合理的生产计划，还能够为市场参与者提供有效的决策依据。在电力市场中，价格的波动与多种因素紧密相关，包括供需关系、市场结构、政策变动及外部经济环境等。随着计算机技术的进步，数据分析和预测模型的精确度得以提高，传统的定价机制面临转型，新的市场规则逐渐形成。各种先进的预测技术，如时间序列分析、机器学习及深度学习等，正在为电力价格预测带来新的契机。有效的电力价格预测不仅可以优化资源配置，还能够提升市场的效率与稳定性，从而为电力行业的可持续发展奠定基础。

1. 电力价格预测的基本概念与方法

电力价格预测的基本概念涉及短期和长期预测。短期价格预测通常集中在即将到来的几小时到几天的电力需求，适用于实时市场交易。在短期内，电力价格受到供需波动的直接影响，天气变化、发电设施的故障、突发事件等因素都会造成价格的剧烈波动。传统的预测方法包括线性回归、时间序列分析等，这些方法在面对复杂的市场波动时，常常难以有效捕捉非线性关系。

长期价格预测则关注更长时间的电力需求变化，通常涵盖几个月到几年的周期，此类预测需要考虑经济增长、政策变化、技术进步等宏观因素。使用的模型包括经济学模型、回归分析以及多种机器学习算法。随着电力市场的不断变化，基于大数据和机器学习的预测方法逐渐成为主流，特别是在处理复杂数据时表现出色。

在进行电力价格预测时,数据的质量和准确性至关重要,需要对高质量的历史价格数据、需求数据以及外部影响因素的数据进行清洗和预处理,以便构建有效的预测模型。数据预处理不仅能提高模型的预测能力,还能够增强其对未来价格波动的适应能力。

2. 影响电力价格的主要因素分析

电力价格受到多重因素的影响,其中供需关系是最为关键的变量之一。当电力需求增加而供应无法及时跟上的时候,价格往往会迅速上涨;反之,若需求下降,价格也会随之回落。

除了供需关系外,发电成本也是影响电力价格的重要因素。燃料价格的波动直接影响发电厂的运营成本,进而影响电力市场的价格水平。以天然气和煤炭为主要燃料的发电厂,面临着燃料价格不稳定的挑战。当原材料价格上涨时,电力价格也会随之上涨。数据显示,燃料价格的波动与电力价格的波动之间存在显著的相关性,尤其是在短期市场中,这种关系更加明显。

政策变化和市场结构也对电力价格产生深远影响。各国政府在能源政策方面的调整,如碳排放政策、可再生能源的补贴政策等,都会直接影响市场的供需关系及价格走势。电力市场的竞争程度、市场参与者的交易行为等也会对价格产生影响。

3. 计算机技术在电力价格预测中的应用

计算机技术的飞速发展为电力价格预测带来了革命性的变化,大数据分析和机器学习的广泛应用,使得价格预测模型能够更加准确地捕捉市场动态。传统方法往往依赖线性模型,而现代计算机技术则可以处理更复杂的非线性关系,提供更高的预测精度。

机器学习算法,如随机森林、支持向量机和深度学习等,正在成为电力价格预测的主要工具,这些算法能够从历史数据中学习到潜在的模式,从而提升预测的准确性。研究显示,基于机器学习的价格预测模型相比于传统模型的准确率提升了15%~30%。深度学习算法,尤其是长短期记忆网络(LSTM),在处理时间序列数据时表现突出，可以有效捕捉长期依赖关系。

计算机技术的应用不再限于算法本身，数据的获取与处理过程同样受到技术进步的推动。物联网（IoT）设备的普及使得实时数据的采集变得更加方便，这些数据包括电力需求、气象条件和市场交易信息等。实时数据分析能够为市场参与者提供及时的决策支持，从而优化交易策略。在电力市场中，透明度和信息共享也在计算机技术的推动下得到提升。开放数据平台的建立使得市场参与者可以更方便地获取相关信息，从而提高市场的整体效率。透明的信息环境促进了价格形成机制的有效运作，降低了信息不对称带来的风险。

电力价格预测的基本理论涵盖了预测方法、影响因素及计算机技术的应用等多方面内容，准确的电力价格预测依赖对供需关系、发电成本及政策变化的全面分析，同时借助现代计算机技术的力量，提升模型的预测精度和适应性。随着技术的不断演进，未来电力价格预测将更加智能化，助力电力市场的高效运作与可持续发展。有效的价格预测将为市场参与者提供宝贵的决策依据，推动电力行业的健康发展。

三、预测模型与方法简介

电力市场的有效运作依赖对供需关系的准确把握，而精确的电力负荷与价格预测则是市场参与者的重要工具。在电力现货市场中，预测模型与方法的选择会直接影响决策的科学性与有效性。随着计算机技术和数据分析方法的不断进步，各类预测模型逐渐被开发并应用于实际操作中，涵盖从传统统计方法到现代机器学习算法的广泛范围。这些模型不仅需要分析历史数据，还应考虑影响电力需求和价格的多种外部因素，包括气象条件、经济指标及政策环境等。因此，深入了解不同的预测模型与方法，能够为电力行业的可持续发展提供有力支持，提高市场的灵活性和响应能力。

1. 传统统计模型的应用

传统统计模型在电力预测领域的应用历史悠久，其基本原理主要依赖对历史数据的分析，建立数学关系以预测未来的电力需求与价格。这些模型包括线性回归、时间序列分析和指数平滑法等，其中线性回归模型因其简单易用而广受欢迎。

线性回归模型通过建立因变量（电力需求或价格）与自变量（影响因素，如气温、经济指标等）之间的线性关系来进行预测。在很多情况下，线性回归模型能够提供较为准确的预测结果，尤其是在影响因素变化较小的情况下。但线性回归模型在处理非线性关系时常常显得力不从心，这一缺陷限制了其在复杂电力市场中的广泛应用。

时间序列分析则专注于利用历史数据的时间序列特性进行预测，自回归积分滑动平均（ARIMA）模型作为一种经典的时间序列分析工具，被广泛应用于电力负荷与价格的预测。该模型通过分析数据的自相关性和季节性特征来提取潜在模式，其优点在于能够有效捕捉数据中的趋势和周期性变化，但对突发事件和外部冲击的敏感性较低。

指数平滑法则通过对历史数据的加权平均进行预测，较好地处理了短期波动。在电力市场中，由于需求受气候变化和社会活动等多种因素的影响，指数平滑法提供了一种简单有效的预测手段，尤其适用于短期预测。

2. 机器学习模型的崛起

近年来，机器学习在电力市场预测中的应用迅速崛起，成为研究者与行业专家关注的焦点。这类模型的优势在于其强大的数据处理能力和自学习能力，能够从大量历史数据中提取复杂的非线性关系，提供更高的预测精度。

随机森林和支持向量机是机器学习中应用较广泛的模型。随机森林模型通过构建多个决策树并进行投票，能够有效避免单一模型存在的过拟合问题。在电力价格预测中，随机森林已被证明在处理多维特征时，能够实现更为准确的预测。支持向量机则通过在高维空间中寻找最优超平面，适用于分类和回归问题，其在小样本数据集中的表现优于传统方法，适合电力需求和价格的预测。

深度学习的快速发展使其成为电力市场预测的重要工具，尤其是长短期记忆网络（LSTM）和卷积神经网络（CNN）的应用。LSTM能够处理时间序列数据的长期依赖关系，适合对电力负荷和价格进行动态预测。而 CNN 则能够提取数据的空间特征，在图像处理和信号分析中表现突出，近年来也逐渐被应用于电力预测领域。这些模型的引入使得电力市场的预测准确性得到了显著提升，尤其是在复杂环境下。

机器学习模型不仅限于单一算法的应用，集成学习的兴起使得多种模型的结合成为一种趋势。通过组合不同算法的优点，集成学习能够提高预测的稳定性和准确性。充分利用随机森林与支持向量机两者的优势，能够提升电力价格预测的效果。

3. 数据驱动的预测方法

随着大数据技术的发展，数据驱动的预测方法在电力市场中逐渐占据重要地位。这类方法不仅强调对历史数据的深度挖掘，还重视实时数据的采集与分析。实时数据的获取主要依靠物联网（IoT），它能够实时监测电力需求、供给和外部环境变化，为预测模型提供动态支持。

数据驱动的方法包括基于回归分析的多变量模型和基于机器学习的集成模型等。多变量模型能够综合考虑多种影响因素，如气象数据、经济指标和社会活动等，从而提高预测的准确性。在电力市场中，需求受多种因素的影响，所以采用多变量模型能够更全面地反映市场动态。

机器学习与大数据的结合使得实时数据分析成为可能，数据流的处理与分析能够为预测提供更为及时的信息支持。实时数据的应用不仅能提高预测的精度，还能够帮助电力公司快速响应市场变化，调整运营策略。当前，随着数据量的急剧增加，处理和分析这些数据的能力将成为预测模型成功的关键。高效的数据存储、计算和处理技术，能够支持更复杂的预测模型，提高市场参与者的决策能力。

电力市场预测模型与方法的多样化，既反映了技术的进步，也体现了市场需求的变化。从传统统计模型到现代机器学习算法，预测技术的演变不断推动着电力行业的发展。传统统计模型在简单、快速的预测需求中仍有其价值，而机器学习和数据驱动的方法则在复杂的市场环境中展现出更大的潜力。随着技术的不断进步，未来的电力预测将更加精准，为电力市场的高效运作提供坚实的基础。有效的预测模型不仅能够优化资源配置，还能提升市场的响应能力，促进电力行业的可持续发展。

四、现有预测方法的比较

在电力市场中，准确的预测方法对于资源配置和市场决策具有重要意义。现有的预测方法多种多样，涵盖了传统统计模型与现代机器学习模型。每种方法都有其独特的优势和不足之处，深入分析这些方法的优劣势，能够为市场参与者选择合适的预测工具提供参考依据。电力价格与需求的波动性和复杂性使得不同方法的适用性和效果显得尤为重要。综合评估现有预测方法有助于提升电力市场的运行效率和稳定性。

1. 传统统计模型的优缺点

传统统计模型在电力预测中占据着重要地位，主要包括线性回归、时间序列分析和指数平滑法等。这些方法因其相对简单易用，被广泛应用于短期和中期的电力需求与价格预测。线性回归模型可以通过建立变量之间的线性关系进行预测，其优点在于计算效率高，结果易于解释，适用于数据关系较为明确的情况。然而，该模型的局限性在于只能处理线性关系，对于复杂的非线性关系无法有效捕捉。

时间序列分析方法，如 ARIMA 模型，能够通过历史数据预测未来趋势，其优势在于对数据中的季节性和趋势性变化进行建模，适合历史数据较为充足的场景。尽管 ARIMA 在短期预测中表现良好，但对突发事件的适应能力较弱，往往难以应对电力市场中频繁出现的波动。模型参数的选择与调整也需要一定的专业知识，增加了使用的复杂性。

指数平滑法在处理短期预测时表现出色，适合用于数据较少或快速变化的情况。该方法能够快速响应市场变化，及时调整预测结果。由于其主要依赖历史数据的加权平均，因此在面对突发情况和结构性变化时，预测的准确性会受到影响。

2. 机器学习模型的优势与局限

机器学习模型近年来逐渐成为电力市场预测的热门选择，尤其是在处理大规模数据时展现出独特优势。随机森林、支持向量机和深度学习等算法的引入，使得预测模型具备了更强的灵活性和适应性。随机森林通过构建多个决策树进行投票，可以有效降低过拟合风险，在复杂环境下提供更为稳健的预测结果。该模型在处理大量特征变量时也展现出良好的效果，能够捕捉潜在的非线性关系。

支持向量机作为一种强大的分类与回归工具，尤其在处理小样本数据时，表现出较高的准确性。该方法在高维空间中寻找最佳超平面，适合用于电力需求和价格的预测。其计算复杂度较高，处理大规模数据集的效率会受到影响，模型的参数调优也需要较多的专业知识。

深度学习近年来在电力市场的应用日益增多，特别是长短期记忆网络（LSTM）和卷积神经网络（CNN），在处理时间序列数据时表现突出。LSTM 能够有效捕捉时间序列中的长期依赖关系，适合对电力需求变化的动态预测。CNN 则用于提取数据中的空间特征，虽然主要应用于图像处理，但在信号处理和时间序列分析中也逐渐获得关注。深度学习模型的训练通常需要大量的数据和计算资源，增加了实施的门槛。

3. 混合模型与集成学习的比较

随着对电力市场复杂性认识的加深，混合模型与集成学习逐渐受到关注。这类方法将多种预测模型的优势结合在一起，提高了预测的准确性与稳定性。混合模型通常结合传统统计方法与机器学习，能够充分利用各自的优势。将时间序列模型与机器学习模型结合起来，可以通过传统方法捕捉数据的趋势与季节性变化，同时利用机器学习方法处理复杂的非线性关系。

集成学习通过结合多个模型的预测结果，能够降低单一模型的预测误差。研究表明，集成学习在电力价格预测中的准确性显著高于单一模型，尤其在应对波动性较大的市场环境时，集成模型能够提供更为稳定的预测。但这类方法也存在一定的局限性，模型的组合增加了计算的复杂度，对数据质量和处理能力提出了更高的要求；集成学习的可解释性相对较低，虽然提高了预测性能，但预测结果的透明度会降低，影响决策者对结果的信任。

在电力市场预测中，不同方法各有优劣：传统统计模型因其简单易用而被广泛采用，适合线性关系明显的情况；机器学习模型则在处理复杂数据时展现出更高的灵活性和准确性，但实施门槛和计算需求较高；混合模型与集成学习结合了不同模型的优点，提高了预测的稳定性，能更好地适应电力市场的复杂性。对于市场参与者而言，深入理解现有预测方法的优劣，有助于选择适合的预测工具，提升电力市场的决策效率和运营效果。

第四节 计算机技术与电力市场预测的结合

一、大数据在电力市场预测中的应用

在电力市场中，大数据的引入为预测方法带来了全新的视角与机遇。海量实时数据源不断涌现，包括消费者用电行为、气象变化、经济指标等，使得电力需求和价格的预测变得更加精准。利用大数据分析，可以有效挖掘隐藏在数据背后的信息，提升决策的科学性和实时性。随着数据处理能力的提升，电力市场的运营效率得到了显著提高，市场参与者能够更好地适应瞬息万变的市场环境。

1. 数据采集与存储技术

在电力市场的预测过程中，数据的采集与存储是基础性的环节。随着智能电表和物联网（IoT）的快速发展，实时数据的获取成为可能。智能电表能够实时监测用户的用电情况，并将数据传输至中央数据库。数据不仅包括用电量，还涵盖了用电时间、用电设备类型等详细信息。

大数据存储技术的进步也为电力市场的预测提供了支持。传统的关系型数据库难以满足大规模数据的存储需求，非关系型数据库（如 Hadoop 和 NoSQL 数据库）逐渐得到应用。这些技术能够灵活应对各种数据类型的存储需求，处理速度

快，支持数据的快速读取与分析。数据湖的概念也在电力行业中得到应用，允许不同格式和结构的数据存储于同一系统中，提供更为全面的数据资源，便于后续的深度分析。

数据采集与存储不仅涉及用电数据，还包括气象数据、市场交易数据等。气象条件对电力需求具有显著影响，风速、温度和降水量等因素都会直接影响用电模式。通过对这些数据的整合，市场参与者能够在更大范围内进行分析，提升电力需求与价格预测的准确性。

2.数据分析与建模技术

数据分析与建模是电力市场预测的核心环节，在这一过程中，各类数据分析工具与算法的运用显得尤为重要。机器学习算法逐渐成为数据分析的主流方法，包括决策树、随机森林、支持向量机等，这些算法能够从历史数据中提取特征，建立精准的预测模型。

随机森林算法在处理高维数据时表现出色，能够有效地处理大规模数据集，并提高预测的稳健性。该算法通过构建多棵决策树进行集成学习，最终得出综合的预测结果。这种方法适用于电力市场中多因素复杂交互的情况，能够考虑不同影响因素之间的非线性关系。

支持向量机也在电力市场的预测中得到了广泛应用，特别是在小样本数据的情况下。该算法能够在高维空间中寻找最优超平面，进行分类与回归。对于电力价格波动较大的情况，支持向量机可以通过其强大的分类能力提升预测的准确性。

在处理时间序列数据方面，长短期记忆网络（LSTM）等深度学习模型展现了巨大的潜力。LSTM能够有效捕捉时间序列中的长期依赖关系，适合用于电力负荷和价格的动态预测。对于对数据时效性要求较高的电力市场，LSTM模型能够提供更为精准的预测结果。

3.数据可视化与决策支持

数据可视化在电力市场预测中起到了重要的辅助作用，通过将复杂的数据分析结果转化为直观的图形和图表，使市场参与者更容易理解预测结果与市场动态。数据可视化工具,如 Tableau 和 Power BI,能够将海量数据以易于理解的形式展示出来,帮助决策者快速做出反应。

在电力市场中,实时数据的可视化能够反映出市场的动态变化,使得市场参与者能够即时调整策略。当实时监测到电力需求激增时,调度中心能够迅速反应,调整发电计划,确保电力供应的稳定;数据可视化还能够帮助识别潜在的风险,预测市场的走势,支持战略决策。

决策支持系统的建立也与大数据密切相关,借助分析模型与可视化工具,电力市场参与者能够获得全面的市场洞察。决策支持系统可以根据实时数据和历史数据,提供策略建议,优化资源配置,降低运营成本。通过对电力需求与价格的实时预测,市场参与者能够更灵活地调整运营策略,提升市场竞争力。

大数据在电力市场预测中的应用,极大地提升了数据采集、分析与决策的效率与准确性。数据采集与存储技术的进步,使得实时数据的获取成为可能;数据分析与建模技术的创新,推动了预测模型的多样化发展,提高了预测的准确性;数据可视化与决策支持系统的建立,进一步增强了市场参与者的决策能力。随着大数据技术的不断演进,电力市场的预测将更加精准,为市场的高效运作提供有力支持。

二、云计算在电力市场预测中的应用

云计算的引入,为电力市场的预测提供了灵活的解决方案,其强大的数据处理能力和资源配置优势,使得电力市场的参与者能够高效管理和分析海量数据,提升预测精度,加快响应速度。电力需求和价格的变化受到多种因素影响,而云计算的优势在于支持复杂数据模型的实时运算,助力市场决策的科学性和及时性。

1. 云计算架构与数据处理能力

在电力市场中,云计算架构的设计至关重要。云计算将计算资源、存储空间与网络连接进行整合,形成一个高效的云环境,使得不同的数据源可以无缝对接。电力市场的参与者通常面临着庞大的数据量，包括实时的用电数据、气象数据以及市场交易数据等。云计算的分布式架构能够轻松应对这些挑战，快速处理大量并行请求。

数据处理能力的提升使得对复杂数据的分析变得更加可行。大数据分析工具和机器学习算法的集成，能够在云环境中高效运行。借助云计算平台，实时分析电力需求与价格的变化趋势，并根据不同因素的影响进行预测。对于电力调度和市场运营而言，准确的预测意味着能够优化资源配置，降低运营成本，从而提升整体市场效率。

云计算还提供了弹性扩展的能力，当市场需求激增或发生特殊事件时，云资源的弹性扩展能够快速响应需求变化，确保数据处理能力不受影响。灵活性使得电力市场参与者能够在瞬息万变的市场环境中保持竞争力，及时调整策略，以应对变化。

2. 云计算在数据分析与建模中的应用

在电力市场预测中，数据分析与建模是关键环节。云计算平台为这些活动提供了强大的支持，能够处理复杂的模型并进行高效计算。不同于传统的本地服务器，云平台的资源可以按需分配，大幅提高了数据分析的效率。

在电力需求预测方面，利用云计算可以整合多种模型进行集成学习。集成学习通过结合多个预测模型，能够有效提高预测的准确性。云计算环境中的资源可以同时运行多种算法，比如随机森林、支持向量机和神经网络等，其并行计算的能力使得模型选择与优化变得更加高效，最终得出更为准确的预测结果。

对于时间序列数据的分析，云计算也能提供便利。电力需求和价格数据往往具有时间依赖性，通过云计算平台，可以方便地实施长短期记忆网络（LSTM）等深度学习模型。这些模型能够捕捉数据的长期和短期趋势，从而提供更精确的预测。对大量历史数据的分析，使得市场参与者能够更好地理解影响电力市场波动的因素，帮助其做出更为科学的决策。

3. 云计算在实时监测与决策支持中的作用

在电力市场中，实时监测与决策支持是提升运营效率的重要环节。云计算技术能够为电力市场提供实时数据的收集和分析能力,确保市场参与者能够及时获取相关信息。实时监测电力需求与价格变化,使得市场参与者能够迅速响应市场波动,优化资源配置。

通过建立实时数据监测系统,云计算能够将来自不同地区的电力使用情况、气象变化等信息进行汇总分析。这些数据能够通过可视化工具进行展示,帮助决策者快速识别市场趋势。电力负荷的突然增加表明高需求期即将到来,及时调整发电计划和电网负荷将显得尤为重要。

决策支持系统的建设也受益于云计算技术,通过将历史数据和实时数据相结合,云计算平台能够提供智能化的决策建议。系统可以自动分析市场变化,识别潜在的风险,并提出相应的应对措施。利用机器学习与数据挖掘技术,决策支持系统能够为市场参与者提供有针对性的建议,从而优化运营策略和资源配置。

云计算技术在电力市场预测中的应用,极大地提升了数据处理和分析能力。通过云计算架构,市场参与者能够高效管理大量数据,实现实时监测与决策支持。数据分析与建模的灵活性与高效性,为电力市场的预测提供了更为精准的基础。随着云计算技术的不断发展,其在电力市场中的应用前景将更加广阔,有助于提升市场运营的整体效率和稳定性。

三、人工智能在电力市场预测中的应用

人工智能的快速发展,为电力市场的预测提供了前所未有的机遇,其强大的数据处理能力与智能分析算法,使得电力市场参与者能够更精准地预测需求与价格波动。随着电力市场环境的复杂性增加,人工智能的应用能够帮助识别潜在的市场趋势,优化资源配置,从而提升整体运营效率。

1. 机器学习算法在电力需求预测中的应用

在电力市场需求预测中,机器学习算法的应用成为一种有效的手段。通过对历史用电数据的深度学习,能够捕捉到用电模式的潜在规律,进而对未来需求进行准确预测。回归分析、决策树以及支持向量机等算法被广泛采用,以实现对电

力需求的智能化预测。

机器学习算法的优势在于其能够处理大量的非线性数据，这在传统统计方法中往往难以实现。深度学习网络，如长短期记忆网络（LSTM），在时间序列数据预测方面表现出色。LSTM可以有效处理数据中的时序特征，对于电力需求的季节性波动、突发性事件等情况具有良好的适应能力。

实时数据的不断更新，使得模型可以不断优化，提升预测准确性。尤其是在电力市场中，天气变化、节假日以及经济活动等因素均对电力需求产生重要影响。利用机器学习算法动态调整预测模型，能够有效应对这些变化带来的影响。

随着大数据的成熟，电力市场中积累了大量历史数据，为机器学习算法的应用提供了丰富的基础。针对不同区域、不同时间段的用电特点，模型能够进行个性化调整，提供更加精确的需求预测结果，从而帮助电力公司合理安排发电计划和电网负荷。

2. 深度学习在电力价格预测中的应用

深度学习在电力价格预测中展现出了强大的潜力，与传统的线性模型相比，深度学习能够更有效地处理复杂的数据结构与非线性关系。电力价格的波动受到多重因素的影响，包括供需关系、市场政策、外部经济环境等，深度学习模型能够综合考虑这些因素，提升预测的准确性。

卷积神经网络（CNN）和递归神经网络（RNN）等深度学习模型在电力价格预测中的应用日益增多，这些模型不仅可以捕捉到价格的短期波动趋势，还能够通过对历史数据的深层次学习，识别潜在的长期趋势。RNN模型在处理时间序列数据时具有优越性，能够有效捕捉到价格变化的时序特征。

数据的多样性和复杂性使得深度学习在电力市场中尤为重要。电力价格受天气变化、发电结构、市场需求等多种因素的影响，深度学习算法通过对不同类型数据的融合分析，能够提供更为全面的预测结果。实时数据分析能力使得深度学习模型能够适应快速变化的市场环境，及时更新预测策略。

当前市场中已经出现了基于深度学习的价格预测系统，这些系统通过对海量数据的学习与分析，实现了实时监测与决策支持。随着电力市场数据的不断丰富，深度学习的应用将进一步深化，为市场参与者提供更具价值的价格预测服务。

3. 人工智能在智能决策支持系统中的应用

智能决策支持系统是电力市场中应用人工智能的重要方向，该系统通过整合多种数据源，包括实时电力需求、价格波动、天气信息等，提供全面的市场分析与决策建议。人工智能的引入，使得决策过程更加智能化和高效。

机器学习和深度学习算法在智能决策支持系统中发挥着关键作用，这些算法不仅能够对历史数据进行深入分析，还可以实时监测市场变化，生成相应的决策建议。针对不同的市场环境，系统能够提供个性化决策支持，帮助电力公司制定更加科学的运营策略。

在电力交易过程中，智能决策支持系统能够对市场价格波动进行实时分析，识别最佳交易时机。数据驱动决策使市场参与者能够优化交易策略，降低风险，提高收益。智能决策系统还可以预测未来的市场趋势，为电力公司在资源配置、发电计划等方面提供有力支持。随着技术的不断发展，人工智能在智能决策支持系统中的应用将越来越广泛。利用机器学习和深度学习等技术，市场参与者能够提升其决策的准确性与灵活性，确保其在快速变化的市场环境中保持竞争力。

人工智能在电力市场预测中的应用，推动了市场运营的智能化进程。机器学习算法在需求预测中的有效应用、深度学习在价格预测中的卓越表现以及智能决策支持系统的建设，均为市场参与者提供了有力支持。这些技术的综合应用，不仅提升了预测的准确性和效率，还有助于电力公司在瞬息万变的市场中做出更加科学的决策。随着人工智能的不断进步，其在电力市场中的应用潜力将更加广泛，助力电力市场实现更高水平的智能化发展。

第二章　电力现货市场的负荷预测

第一节　负荷预测的基本方法

一、负荷预测的重要性

在电力系统中，负荷预测是确保供电安全与经济运行的关键环节。准确的负荷预测不仅能够提高电力调度的效率，还能有效降低运营成本，从而提升电力市场的整体效益。随着电力需求的波动性增加，负荷预测的重要性愈加突出。

1. 保障电力供应安全

负荷预测的首要功能在于保障电力供应的安全性，电力供应的可靠性会直接影响各类用户的生产与生活，尤其是在高峰用电时段，准确的负荷预测可以帮助电力公司及时调整发电计划，确保电网在高负荷时段的稳定运行。预测误差过大会导致电力供应不足，甚至引发大规模停电等严重后果。通过科学的负荷预测，电力公司能够在需求激增之前采取措施，确保发电与负荷之间的平衡。

在负荷预测过程中，历史用电数据、气象信息、社会经济活动等多种因素均需考虑，以全面评估未来的电力需求。负荷预测模型的构建通常采用机器学习、时间序列分析等方法，这些模型可以更准确地反映出电力需求的变化规律。随着数据的积累与分析技术的不断进步，负荷预测的精度也在不断提升。

负荷预测的准确性不仅关乎电力公司的运营，更直接影响消费者的用电体验。电力供应的波动将影响工业生产的稳定性和居民日常生活的便捷性，负荷预测在保障电力供应安全方面具有不可替代的作用。

2. 提升电力调度效率

提升电力调度效率是负荷预测的重要功能之一。在电力市场中，调度的灵活性与效率直接关系到电力的合理利用与市场的经济效益。精确的负荷预测可以为电力调度提供可靠的依据，使得调度人员能够科学安排发电计划，避免因预测不准确而导致的发电不足或过剩。

调度系统在接收到负荷预测数据后，可以实时优化发电机组的运行方式，确保在不同负荷条件下的最优组合。负荷预测还可以帮助调度员制定应急方案，以应对突发性负荷变化。在电力需求剧烈波动的情况下，及时获取负荷预测信息能够减少调度决策的盲目性，提高电网的响应速度。

在实际应用中，许多电力公司已经引入智能化调度系统，这些系统可以实时接收负荷预测数据，并进行自动化调度。研究表明，借助高效的负荷预测系统，调度效率可以提高 20% 以上，运营成本显著降低。这一切都源于对负荷数据的精准把握与灵活运用。

3. 支持可再生能源接入

随着可再生能源的迅速发展，负荷预测的重要性进一步增强。风能、太阳能等可再生能源的发电特性具有随机性和波动性，对电力系统的稳定性构成了挑战。在这种背景下，负荷预测能够为可再生能源的合理接入提供重要支持。

通过对电力负荷的准确预测，电力系统能够在可再生能源发电波动的情况下，合理安排传统电源的发电计划，确保系统的整体稳定性。负荷预测还能够帮助电力市场参与者制定相应的交易策略，合理安排可再生能源的利用时间，最大限度地提高清洁能源的使用效率。

各国都在积极推进可再生能源的应用，而负荷预测技术的完善则为这一目标的实现提供了保障。随着智能电网的发展，负荷预测将在可再生能源的集成与调度中发挥更为重要的作用，助力电力系统向低碳化、智能化方向转型。

负荷预测在电力市场中具有不可或缺的重要性，其对电力供应安全的保障、调度效率的提升以及可再生能源接入的支持均发挥了关键作用。随着科技的进步与数据分析能力的增强，负荷预测的准确性与可靠性将进一步提高，为电力行业的可持续发展提供更为坚实的基础。

二、负荷预测模型的选择

在电力行业中，负荷预测模型的选择对电力系统的运行和管理至关重要。合理的模型不仅能够提升预测的准确性，还能有效降低运营成本，优化资源配置。随着数据科学与计算技术的发展，各种模型的出现为负荷预测提供了更多选择。不同模型在预测能力、适用场景和数据需求方面各具特性，合适的选择能够在电力市场中产生显著的经济效益。

1. 传统统计模型

传统统计模型在电力负荷预测中占据了重要位置，主要包括时间序列分析和线性回归分析。时间序列模型依赖历史数据，能够捕捉负荷数据的趋势和季节性变化。常用的ARIMA模型在短期负荷预测中表现良好，根据历史用电数据，这种模型能够对周期性变化进行有效建模。

线性回归分析法作为另一种传统方法，也被广泛应用于负荷预测。该方法能够将电力负荷与多种影响因素（如天气、经济指标等）建立线性关系，通过分析不同变量对负荷的影响，提供清晰且易于理解的预测结果。

传统统计模型在处理非线性关系和复杂数据时常显得力不从心，随着电力市场的不断变化，单一的传统方法往往难以满足日益增长的预测需求，结合其他现代技术成为必要的方向。

2. 机器学习模型

随着计算能力的提升，机器学习模型在负荷预测中的应用日益广泛。机器学习能够处理大量数据，自动挖掘数据中的模式，提供更为准确的预测结果。

常见的机器学习模型包括支持向量机（SVM）、随机森林和神经网络等，这些模型具有强大的非线性拟合能力，能够在复杂的电力负荷数据中找到潜在的规律。

支持向量机作为一种有效的分类和回归工具，适合处理小样本数据，特别是在数据不均衡的情况下表现优异。随机森林则通过构建多个决策树，提高模型的准确性和稳定性。在数据量较大时，随机森林能够有效降低过拟合风险，提高预测的泛化能力。

神经网络模型由于其深度学习的特点，在大规模数据下展现出卓越的性能。通过多层神经元的连接，神经网络能够捕捉复杂的输入和输出关系，尤其适用于非线性和时序数据。近年来，长短期记忆网络（LSTM）作为一种特殊的神经网络架构，在处理时间序列预测方面得到了广泛关注。

尽管机器学习模型在负荷预测中表现出色，但其在模型解释性和数据需求方面的局限性也不容忽视。复杂的模型结构往往导致结果难以理解，而在电力行业中需要向决策者提供明确的解释。

3. 混合模型

混合模型的出现为负荷预测提供了新的思路，该模型结合传统统计方法与现代机器学习，充分利用各自的优势，提高预测的准确性和稳定性。混合模型的构建通常涉及对不同模型的组合，如时间序列与机器学习模型的集成。

将时间序列模型与支持向量机相结合，能够在捕捉历史负荷趋势的基础上，引入机器学习的非线性拟合能力。这种结合使得模型不仅能反映过去的变化，还能灵活适应未来的不确定性。通过优化参数和结构，混合模型在许多应用中展现出显著的性能提升。近年来，越来越多的研究者开始关注混合模型，这表明其在负荷预测中具有广泛适用性。数据的多样性和复杂性要求预测模型具备更高的灵活性与适应性。

负荷预测模型的选择在电力市场中具有重要意义。传统统计模型因其简单易用的特性，仍在短期预测中得到广泛应用；机器学习模型凭借其强大的数据处理能力，适用于更复杂的电力负荷情况；而混合模型则结合了两者的优点，展现出良好的适应性和准确性。随着技术的不断发展，负荷预测模型的选择将更加多样化，这将为电力行业的可持续发展提供强有力的支持。

三、负荷预测模型的评估标准

负荷预测模型的评估标准在电力市场中具有重要意义，良好的评估标准能够为模型选择和应用提供指导。多种指标可以用于量化模型的预测性能，确保预测结果的准确性和可靠性。通过科学合理的评估标准，可以有效识别模型的优缺点，为后续的改进和优化提供依据，进而支持电力系统的高效运行。

1. 预测精度指标

预测精度是评估负荷预测模型的核心标准之一，常用的指标包括平均绝对误差（MAE）、均方根误差（RMSE）和平均绝对百分比误差（MAPE）。这些指标能够有效衡量预测值与实际值之间的差异，为模型的准确性提供量化依据。

MAE是所有预测误差绝对值的平均，数值越小，表示模型的预测能力越强。RMSE则考虑了预测误差的平方，可以较大限度地惩罚较大的误差，使得模型在处理异常值时更加敏感。对于某些应用场景，MAPE作为一种相对误差指标，能够提供更直观的预测性能比较，尤其在数据量级差异较大时表现突出。

各个指标的使用应根据具体应用背景进行选择：在负荷波动较大的情况下，RMSE更为适用，因为其对大误差的敏感性有助于识别模型的不足之处；而在需要比较不同模型的相对性能时，MAPE则能提供较为一致的标准。

2. 稳定性和鲁棒性评估

稳定性和鲁棒性是负荷预测模型的另一个重要评估标准，稳定性主要反映模型在不同时间段或不同数据条件下的预测能力，鲁棒性则指模型对异常数据或噪声的抵抗能力，两者共同影响模型在实际应用中的有效性。

评估模型的稳定性可以通过交叉验证的方法进行，将数据集划分为多个子集，分别训练和测试模型，观察模型在不同子集上的表现。一致的预测结果表明模型具有较好的稳定性。对于鲁棒性的评估，可以通过引入噪声或异常值来测试模型的反应,优良的模型应能够在面对数据扰动时依然保持较高的预测精度。

在实际应用中,稳定性和鲁棒性评估尤为关键。电力负荷在极端天气条件下会出现显著变化,具备良好鲁棒性的模型能够在此情况下进行有效预测,从而避免因负荷预测失误而导致的电力供应不足或资源浪费。

3. 计算效率与可解释性

负荷预测模型的计算效率与可解释性也是评估的重要维度。计算效率指的是模型在进行预测时所需的时间和计算资源,尤其是在大规模数据处理的情况下,快速的计算能力显得尤为重要。复杂模型虽然在准确性上具有优势,但如果计算耗时过长,则不适用于实时或近实时的负荷预测。

可解释性涉及模型的透明度和可理解程度。在电力行业中,决策者通常需要了解模型是如何得出预测结果的,特别是在采用机器学习等"黑箱"模型时,缺乏可解释性会导致决策困难。具备较强可解释性的模型更容易获得用户的信任,并在实际应用中得到推广。一些模型,如线性回归,因其结果直观且容易解释,依然在实际操作中占据一席之地。相比之下,深度学习模型的复杂性使得其在解释性方面存在一定局限,尽管其在预测精度上表现优异。

负荷预测模型的评估标准涵盖了预测精度(表 2-1)、稳定性、鲁棒性、计算效率和可解释性等多个方面,每一项指标在评估过程中都有其独特的重要性,合理的评估方法能够为模型的选择与应用提供科学依据。随着技术的发展,负荷预测模型的不断优化和改进有望使其在电力市场中发挥更大的作用,助力电力系统的高效与安全运行。

表 2-1 预测精度指标

指标名称	定义
平均绝对误差(MAE)	预测值与实际值之间绝对误差的平均值
均方根误差(RMSE)	预测值与实际值之间误差的平方根的平均值,强调较大的误差
平均绝对百分比误差(MAPE)	预测误差相对于实际值的百分比平均值,用于衡量相对误差
决定系数(R^2)	衡量模型对数据变异的解释能力,值越接近1表示模型的拟合越好

续表

指标名称	定义
偏差（bias）	预测值的平均值与实际值的平均值之间的差异，衡量系统性误差
预测准确率	正确预测的样本数量占总样本数量的比例，适用于分类问题
赤池信息量准则（AIC）	用于模型选择的指标，考虑了模型的复杂度和拟合优度

第二节　机器学习在负荷预测中的应用

一、机器学习的基本概念

机器学习作为人工智能的重要分支，近年来在多个领域中取得了显著的应用成效。电力市场预测作为机器学习的一大应用场景，其准确性和可靠性会直接影响电力系统的运行效率。机器学习能够处理复杂的数据模式，从中提取有用的信息，以支持负荷预测和电力价格预测等任务。掌握机器学习的基本概念，对于理解其在电力市场中的应用具有重要意义。

1. 机器学习的定义与分类

机器学习是计算机科学的一个分支，旨在使计算机系统能够从经验中学习并在没有明确编程的情况下进行改进；广义而言，机器学习可以被视为算法与数据的结合，借助数据驱动的方法，模型能够自动识别输入与输出之间的关系。

根据学习方式的不同，机器学习的分类见表 2-2。

在电力市场预测中，监督学习算法因其较高的准确性而被广泛使用，再结合无监督学习的特性，能够增强其模型的灵活性和适应性。

表 2-2 机器学习的分类

分类类型	子类别	特点	应用示例
监督学习	分类	根据输入数据预测类别,训练集中包含标签	图像识别、垃圾邮件检测
	回归	预测连续数值,目标是拟合数据点	房价预测、销售额预测
无监督学习	聚类	将数据分组,无须标签,依据数据相似性进行分类	客户细分、市场细分
	降维	减少数据维度,提取重要特征	图像压缩、特征选择
半监督学习	半监督学习	结合少量标注数据和大量未标注数据,改善学习效果	文本分类、图像分类
强化学习	强化学习	通过试错法和反馈信号进行学习,目标是最大化累积奖励	游戏 AI、机器人控制
深度学习	深度神经网络	通过多层神经网络学习复杂模式,适合大规模数据处理	自然语言处理、自动驾驶

2. 机器学习的核心算法

机器学习的核心算法是实现其功能的基础,针对电力市场预测,可以选择多种算法进行比较和应用。线性回归是最基本的算法之一,适合处理线性关系的预测问题,其解释性强,计算效率高。在电力负荷预测中,线性回归模型能够提供快速的结果,但在面对非线性数据时,其准确性有所不足。

决策树算法通过构建树形模型,将数据划分为不同的类别,直观易懂,适合处理复杂的决策问题。在电力市场中,决策树可以有效分析不同因素对电力负荷的影响。随机森林作为决策树的扩展,结合多棵决策树的预测结果,具备更好的泛化能力,适合进行大规模数据集的分析。

支持向量机是一种强大的分类与回归算法,适用于高维数据处理。在电力价格预测中,支持向量机因其对复杂边界的处理能力而被广泛应用,尤其在面对较少样本时表现出色。

深度学习作为机器学习的一个重要分支,采用神经网络结构处理数据,适合复杂模式的学习。在电力市场中,深度学习的应用越来越广泛,如长短期记忆网络(LSTM)可以有效处理时间序列数据,适用于负荷和价格预测任务。

3. 机器学习的应用与挑战

机器学习在电力市场的应用正在逐步深入，利用机器学习可以建立更加精准的负荷预测模型，减少对传统方法的依赖。电力价格预测也同样受益于机器学习的快速发展，基于对历史数据的分析，模型能够识别出潜在的价格波动趋势，从而支持更有效的交易决策。

尽管机器学习在电力市场中展现了广阔的前景，但在实际应用中仍面临诸多挑战。数据质量和数量的不足会直接影响模型的性能，缺乏有效的特征选择和数据预处理，往往会导致预测结果不准确；机器学习模型的可解释性问题也引起了广泛关注，许多复杂模型在提供高准确率的同时，其内部机制却难以被理解，在决策过程中造成障碍。

另一个挑战是市场环境的动态性。电力市场受到多种因素的影响，包括政策、天气、供需关系等，导致模型在不同时间段的适用性降低。实时数据处理和模型更新机制的建立，将是提升预测准确性和模型有效性的关键。

机器学习作为一种强大的数据分析工具，在电力市场的负荷与价格预测中展现出巨大的潜力。掌握机器学习的基本概念及核心算法，有助于提升对电力市场动态的理解。尽管面临数据和可解释性等方面的挑战，机器学习仍然为电力系统的高效运行提供了新的思路和方法。

二、机器学习算法介绍

机器学习算法在电力市场的预测中发挥着至关重要的作用，这些算法能够有效分析和处理大量历史数据，识别出潜在的规律与趋势，为电力负荷、价格等变量的未来变化提供依据。随着技术的不断进步，机器学习算法逐渐演化出多种形式，各自适应不同类型的数据和应用场景。掌握这些算法的原理和特点，有助于提升电力市场预测的准确性和效率。

1. 监督学习算法

监督学习是一种机器学习方法，其中模型在已有的标注数据上进行训练，以便在遇到新数据时进行预测。这类算法常见于电力负荷预测和价格预测。典型的监督学习算法包括决策树、支持向量机和随机森林。

决策树算法以树形结构进行决策，依据特征的选择逐步将数据分割，直至最终得到预测结果。该算法的直观性和易解释性使其在电力市场中被广泛应用。支持向量机则在高维空间中寻找最优超平面，以实现分类或回归任务，适用于非线性问题，并在样本较小的情况下表现良好。随机森林算法是由多个决策树组成的集成学习方法，通过结合多棵树的结果来提高预测的准确性。该算法在处理电力负荷和价格预测中的复杂数据时表现出较高的稳定性和鲁棒性。

2. 无监督学习算法

无监督学习旨在从未标注的数据中发现隐藏的模式和结构，这类算法在电力市场中可用于数据降维、聚类分析及异常检测。常见的无监督学习算法包括 K 均值聚类、主成分分析（PCA）和自编码器。

K 均值聚类算法通过将数据集分为 K 个簇，使同一簇内的数据点相似度高，而不同簇间相似度低。对电力负荷数据进行聚类能够帮助分析不同用户或地区的负荷特征，为需求响应和资源调配提供支持。主成分分析则通过线性变换将高维数据投影到低维空间，保留最重要的信息，有助于数据可视化和特征提取。自编码器作为一种神经网络，能够实现高效的数据压缩和特征学习，适用于电力系统中复杂模式的识别。无监督学习算法的灵活性使其能够在数据标注困难或成本高昂的情况下仍能从数据中获取有价值的信息，辅助决策。

3. 强化学习算法

强化学习是一种基于环境交互的学习方法，智能体通过与环境的反馈进行学习。该方法在电力市场预测中的应用逐渐增多，尤其是在需求响应和实时调度问题上展现出良好的潜力。强化学习模型通过不断试错，学习最优策略以实现长远利益最大化。

Q 学习和深度 Q 网络（DQN）是强化学习中的两种重要算法：Q 学习通过维护状态－动作值函数，帮助智能体在每个状态中选择最佳动作；而深度 Q 网络则结合了深度学习与 Q 学习，利用深度神经网络来近似状态－动作值函数，使其能够处理复杂的、高维的输入数据。在电力市场中，强化学习可以用于优化负荷预测和资源分配。通过实时反馈，智能体能够动态调整策略，快速响应市场变化，从而提高系统的整体效率和经济性。这一方法的逐步成熟，为电力系统的智能化与自动化发展开辟了新的方向。

机器学习算法的多样性和灵活性，使其在电力市场预测中得到广泛应用。从监督学习到无监督学习，再到强化学习，各类算法各具特色，能够应对不同类型的数据和问题。掌握这些算法的基本原理与应用场景，有助于提升电力负荷与价格预测的准确性，为电力市场的科学决策提供重要支持。在不断发展的技术背景下，深入探索和应用机器学习算法，将为电力行业的智能化和可持续发展提供强有力的保障。

三、机器学习在负荷预测中的流程

机器学习在负荷预测中的应用逐渐成为电力市场管理的重要手段，通过对历史数据的分析，机器学习模型能够识别出负荷变化的模式，进而提高预测的准确性和效率。随着数据量的不断增加及计算能力的提升，机器学习在电力负荷预测中的重要性愈发突出。这一过程涉及多个步骤，从数据收集到模型评估，每个环节都至关重要。

1. 数据收集与预处理

在机器学习负荷预测流程的第一步，数据收集是基础且关键的一环。电力负荷数据通常来源于各类监测系统，包括智能电表、传感器和历史负荷记录。这些数据不仅包含电力消耗的时间序列信息，还涉及天气、节假日、经济活动等多维度的外部因素。

数据预处理阶段至关重要。在此阶段，对收集到的数据进行清洗，剔除噪声和异常值，以保证数据的质量。常用的技术包括插值法和移动平均法，帮助填补缺失值并平滑数据。对时间序列数据进行归一化处理，有助于消除不同量纲对模型训练的影响。这一过程不仅能提高数据的可用性，还能增强模型的稳定性。

特征工程是数据预处理的重要环节,通过对数据的深入分析,提取与负荷预测相关的特征。季节性因素、温度、湿度等气象数据都会影响电力需求的波动。特征选择和降维技术能够进一步提高模型的性能,确保模型训练过程中的计算效率和效果。

2. 模型选择与训练

在数据准备完成后,模型选择成为负荷预测流程的下一步。根据具体的预测需求,可以选择不同的机器学习算法,如决策树、支持向量机、随机森林或深度学习等。不同的模型适用于不同的数据特征和预测目标,因此选择合适的模型至关重要。

模型训练的过程涉及将预处理后的数据输入选定的机器学习算法中,通常会将数据分为训练集和测试集,前者用于训练模型,后者用于评估模型的泛化能力。训练过程需要调整模型的超参数,以优化预测效果。在这一阶段,交叉验证等方法被广泛使用,以减少过拟合现象,并提高模型的可靠性。

随着训练的进行,模型逐渐学习到数据中的规律,其预测能力也随之提升。为了确保模型的有效性,定期对训练的模型进行评估是必要的。预测准确度、均方根误差等指标能够反映模型的表现,为后续调整提供依据。

3. 模型评估与优化

模型评估是整个负荷预测流程的重要环节,旨在检验模型在真实数据上的表现。利用测试集中的数据来评估模型的预测精度和稳定性。多种评价指标,如平均绝对误差(MAE)、均方根误差(RMSE)和平均绝对百分比误差(MAPE),均可用于定量评估模型的性能。良好的评估结果表明,模型能够有效捕捉负荷变化的趋势。

模型优化则是在评估基础上进行的,若发现模型的预测效果不佳,可以对数据进行进一步的清洗和增强,或尝试不同的算法进行训练。在这一阶段,集成学习方法,如随机森林和梯度提升树,被广泛应用于提高预测的准确性。超参数调优和特征选择也是常用的优化手段,通过这些方式可以显著提升模型的预测能力。优化后的模型可用于实际负荷预测应用，将模型部署于电力系统中，能够实时监测负荷变化，帮助电力公司合理安排发电和调度，实现高效的电力供应管理。

机器学习在负荷预测中的应用流程包含数据收集与预处理、模型选择与训练、模型评估与优化等环节，每个环节都对最终的预测效果产生深远影响。随着技术的不断进步，机器学习在电力市场的应用潜力将不断得到释放，为电力行业的发展提供更强有力的支持。有效的负荷预测不仅能提高资源利用效率，还将助力电力市场的智能化和可持续发展。

四、负荷预测中的机器学习模型比较

在电力负荷预测领域，机器学习模型的选择至关重要。不同模型在数据处理、特征提取和预测精度上表现各异，了解这些差异对于实现高效且准确的负荷预测至关重要。随着技术的进步，各类机器学习模型逐渐应用于电力负荷预测，形成了丰富的应用场景和研究成果。对于不同类型的负荷数据，应选择最适合的模型，以提高预测的准确性和可靠性。

1. 支持向量机（SVM）

支持向量机是一种强大的监督学习算法，被广泛应用于分类和回归问题中。该模型的核心思想是寻找一个最佳的超平面，以最大化分类间隔。在负荷预测中，SVM能够处理非线性数据，并有效捕捉复杂的负荷变化模式。这一特性使得SVM在面临高维数据和小样本的情况时，仍然能够保持良好的预测性能。

在电力负荷预测的具体应用中，SVM模型可与其他方法结合，形成集成学习的形式，从而进一步提高预测精度。SVM的鲁棒性使其能够应对噪声和异常值，有效提升模型的稳定性。SVM模型的参数调整（如核函数的选择、惩罚因子C的设置）能够影响预测结果，因此需要通过交叉验证等方法进行优化。

尽管支持向量机在多种场景中表现出色，但其训练时间较长，尤其是在处理大规模数据时，计算开销较大。为了满足实时预测的需求，使用SVM时需要权衡模型复杂度与计算效率；模型的解释性较差，会使业务人员难以理解预测结果背后的具体逻辑。在应用SVM时，需充分考虑这些潜在的挑战。

2. 随机森林模型

随机森林是一种基于决策树的集成学习方法，以其优越的预测性能而广受欢迎。该模型通过构建多个决策树，并综合各树的结果，显著提高了预测的稳定性和准确性。在电力负荷预测中，随机森林能够有效处理高维特征和缺失数据，适应性强，且在复杂数据集上表现出色。

随机森林模型在特征选择上具有优势，能够自动识别出对预测结果贡献较大的特征，进而降低过拟合风险。在实际应用中，随机森林通常被用于处理具有非线性关系的数据集，尤其适合季节性和趋势性强的负荷预测。由于该模型具有良好的泛化能力，因此在各种场景下都能提供较为可靠的预测结果。

随机森林模型的缺点也不容忽视，尽管该模型在准确性方面表现良好，但其计算复杂度较高，尤其在树的数量增加时，模型的训练和预测时间都会显著延长。随机森林的模型解释性相对较差，使用户难以直观理解预测结果。在选择随机森林作为负荷预测模型时，需要权衡计算效率和模型可解释性。

机器学习模型在负荷预测中的应用具有重要意义，支持向量机和随机森林各具优势和局限性。在选择模型时，应充分考虑数据特性、计算资源和实时需求，以实现最佳预测效果。随着电力市场的不断发展，机器学习模型的应用前景广阔，为负荷预测提供了丰富的工具和方法。合理运用这些模型，不仅能提高负荷预测的准确性，还将为电力行业的智能化发展提供重要支持。

第三节 深度学习在负荷预测中的应用

一、深度学习的原理与应用

深度学习作为机器学习的一个重要分支，近年来在各个领域表现出卓越的性能，尤其在电力市场的负荷预测中，深度学习展现了强大的应用潜力。其基于多层神经网络的结构，使得模型能够有效地捕捉数据中的复杂非线性关系，为电力现货市场的预测提供了新思路。在深度学习的应用中，数据的高维特征和丰富的信息得以充分利用，显著提升了预测的准确性和可靠性。

1. 深度学习的基本原理

深度学习的核心在于利用多层神经网络对数据进行特征提取和表示学习。输入层负责接收原始数据，经过多个隐藏层的处理后，输出层则生成最终的预测结果。每一层神经元通过激活函数对输入信号进行非线性变换，进而有效地捕捉数据中的复杂模式。常见的激活函数包括 ReLU、Sigmoid 和 Tanh 等，选择不同的激活函数将影响模型的表现。

在模型训练过程中，反向传播算法用于更新网络的权重，以最小化损失函数，进而提高预测精度。在电力负荷预测中，模型通常需要输入气象数据、历史负荷数据以及经济指标等多个特征。这些数据通过深度学习模型的多层结构，能够被转化为有用的信息，帮助实现更准确的预测。

近年来，卷积神经网络（CNN）和循环神经网络（RNN）在深度学习中尤为受关注。CNN 在处理图像数据时表现出色，其局部连接和权重共享的特性能够有效提取空间特征。而 RNN 则适用于序列数据的处理，能够捕捉时间序列中的依赖关系，特别适合电力负荷随时间变化的特征学习。

2. 深度学习在电力负荷预测中的应用

深度学习在电力负荷预测中被广泛应用于多个层面，包括短期、中期和长期的负荷预测。在短期负荷预测中，模型需要快速响应并预测未来几小时或几天的电力需求。这种情况下，RNN 及其变体（如 LSTM）表现尤为突出，因为它们能够利用历史负荷数据和影响因素（如天气变化）进行有效建模。

在中期负荷预测中，通常需要考虑季节性和趋势性因素。深度学习模型能够通过学习历史数据中的周期性模式，实现准确的预测。结合外部经济和政策数据，可以提高预测的全面性和准确性。

长期负荷预测则要求对市场变化和政策导向进行深入分析，深度学习模型可以集成多种数据源,包括历史负荷、气象数据及经济指标,从而更好地捕捉长期趋势和潜在的市场变化,此类预测对于电力市场的投资决策和资源配置具有重要意义。

许多研究已表明,深度学习模型在预测精度上具有显著优势。某项研究显示,基于 LSTM 的模型在短期负荷预测中比传统方法提高了 15% 的预测准确率。这种优势的取得,源于深度学习模型对复杂非线性关系的优越建模能力和对高维特征的有效利用。

3. 深度学习的挑战与未来发展

尽管深度学习在电力负荷预测中展现出强大的潜力,但仍然面临若干挑战。模型的训练需要大量的高质量数据,数据的缺失或噪声将直接影响模型的性能。深度学习模型的复杂性导致其解释性较差,决策过程不透明,使业务人员难以理解预测结果背后的原因。

模型的过拟合问题也需引起重视。过拟合通常发生在训练数据与测试数据的分布存在显著差异时,导致模型在未见数据上的表现不佳。采用正则化技术、交叉验证以及合理的数据增强策略可以有效缓解过拟合现象。深度学习与其他技术的融合将推动电力负荷预测的发展,结合大数据与云计算,能够提升模型的训练效率,增强训练实时性。强化学习等新兴方法也会为电力市场的智能决策提供新的思路。

深度学习作为一种强大的数据分析工具,在电力负荷预测中展现了显著的优势。其多层结构能够有效捕捉复杂的非线性关系,为市场预测提供了新思路。虽然面临数据需求、模型解释性和过拟合等挑战,深度学习的发展仍具有广阔的前景。随着技术的进步,深度学习有望在电力市场中发挥更大的作用,为实现智能电网的目标贡献力量。

二、深度学习模型架构介绍

深度学习模型以其强大的数据处理能力和优越的预测性能,在电力现货市场的应用中越来越广泛。针对电力负荷、价格等关键因素的预测，采用深度学习技术不仅能够提高预测的准确性，还能够应对复杂的非线性关系。深度学习模型架构的多样性为其在电力市场的实际应用提供了灵活的选择和强大的支持。下面将深入探讨几种主流的深度学习模型架构，并分析其在电力市场预测中的具体应用。

1. 卷积神经网络（CNN）

卷积神经网络是一种具有层次结构的深度学习模型，被广泛应用于图像处理领域，其在电力负荷预测中的应用也逐渐受到关注。CNN通过卷积层、激活层和池化层的组合，有效提取数据中的局部特征，适合处理具有空间结构的数据。在电力负荷预测中，CNN能够分析负荷数据的时空特性，将输入数据视为图像，从而提取有效特征。

在电力负荷的时序数据中，负荷随时间变化的模式往往存在一定的周期性。CNN能够通过其卷积操作，捕捉这些周期性变化的特征，从而提升负荷预测的准确性。使用池化层减少特征维度，提高了模型的计算效率，这种架构的深度特性使得模型在面对高维数据时能够保持较好的性能。

在训练过程中，CNN通常需要大量标注数据来进行有效学习。电力行业积累了丰富的历史数据，包括历史负荷、气温、湿度等多个特征，能充分满足CNN的训练需求。随着电力市场数据的不断丰富和可获取性的提高，CNN在电力负荷预测中将展现出更加广泛的应用前景。

2. 循环神经网络（RNN）

循环神经网络是一类专门用于处理序列数据的深度学习模型，能够有效捕捉数据中的时序特性。在电力负荷预测中，RNN尤其适合用于分析历史负荷数据与外部影响因素（如气候变化）之间的关系。通过其特殊的递归结构，RNN能够对时间序列数据进行建模，挖掘出数据中的时间依赖性。

RNN的核心在于其隐状态的动态更新，能够存储之前时刻的信息并将其应用于当前时刻的计算。这一特性使得RNN在处理具有时序依赖的数据时表现出色。传统的RNN在面对长序列数据时，常常出现梯度消失或梯度爆炸的问题。

为了解决这一问题，长短时记忆（LSTM）网络和门控循环单元（GRU）作为RNN的变种被广泛应用。

LSTM网络通过引入三个门（输入门、遗忘门和输出门），有效控制信息的流动，弥补了传统RNN在长序列训练中的不足。GRU则通过简化的结构实现类似的效果，在计算效率和预测性能之间取得了良好的平衡。网络结构在电力负荷预测中能够更准确地捕捉长时间的依赖关系，提高预测的稳定性和准确性。

3. 混合模型与集成学习

混合模型与集成学习策略在深度学习中的应用，近年来也开始在电力市场预测中展现潜力。这些方法结合了多种模型的优点，能够提升预测性能并降低模型的方差。通过将CNN与RNN相结合，可以创建出具有时空特性的模型，进一步提高电力负荷预测的准确性。

在混合模型中，CNN可以用于特征提取，捕捉输入数据中的局部特征，RNN则用于处理时间序列数据的动态变化。这种模型架构允许两个网络在同一任务中协同工作，实现更高的预测精度。集成学习方法，如随机森林或梯度提升树，也可以与深度学习模型结合，形成强大的预测模型。集成策略不仅能提高模型的稳定性，还能够有效降低单一模型在特定数据集上的过拟合风险。在电力市场的复杂环境中，集成方法提供了更为可靠的预测结果，使得决策者能够在不确定的市场条件下做出更为明智的选择。

深度学习模型架构（表2-3）在电力市场预测中具有显著的应用价值，各种模型如卷积神经网络、循环神经网络及混合模型等均展现了良好的性能。随着数据获取的便捷和计算能力的提升，这些深度学习模型的应用前景愈加广阔。在未来的电力市场中，深度学习技术将进一步推动负荷、价格等关键因素的精准预测，为电力行业的智能化发展提供强有力的支持。

表2-3 深度学习模型架构

模型类型	特点	适用场景
卷积神经网络（CNN）	擅长处理图像和时序数据	图像识别、视频分析、电力负荷短期预测
	通过卷积层提取局部特征	
	池化层减少计算复杂度	

续表

模型类型	特点	适用场景
循环神经网络（RNN）	适合处理序列数据	自然语言处理、时间序列预测
	能捕捉时间依赖性	
	适合短期记忆	
长短时记忆网络（LSTM）	解决了传统RNN的梯度消失问题	长时间序列预测、复杂依赖关系建模
	具有长短期记忆能力	
门控循环单元（GRU）	结构较LSTM简单	语音识别、文本生成
	效果与LSTM相似	
	训练速度快	
自注意力网络（Transformer）	能处理长序列数据	机器翻译、文本摘要
	并行计算效率高	
	适合大规模数据处理	
生成对抗网络（GAN）	包含生成器与判别器	图像生成、数据增强
	用于生成新数据	
	在图像生成方面表现优秀	
深度信念网络（DBN）	多层无监督学习模型	特征学习、数据降维
	提取数据的高层特征	
	适合特征学习	

三、深度学习在电力负荷预测中的实践

电力负荷预测在电力系统的运营和管理中扮演着至关重要的角色，准确的负荷预测能够帮助电力公司优化资源配置、提高运行效率并降低成本。深度学习凭借其强大的数据处理能力和优秀的建模能力，正在成为负荷预测领域的重要工具。各种深度学习模型已被应用于电力负荷预测的实践中，显示出显著的优势。

1. 数据预处理与特征工程

在进行深度学习负荷预测之前，数据的预处理与特征工程显得尤为重要。

电力负荷数据通常具有时序特征，且受到多种因素的影响，包括天气、节假日及经济活动等。针对这些特点，需要对原始数据进行清洗，以去除噪声和异常值，从而提高数据质量。

特征选择在这一阶段也显得尤为关键，选择合适的输入特征能够直接影响模型的性能，气温、湿度、风速、用电历史等因素都可以作为重要特征输入模型。在特征工程中，常常需要将这些特征进行标准化处理，以确保数据的一致性和可比性。此过程不仅能加快模型的收敛速度，还能提升模型的预测能力。

为了捕捉电力负荷的季节性和周期性变化，时间特征的构造不可忽视。通过将时间戳分解为年、月、日、小时等信息，可以帮助模型更好地理解负荷变化的规律。历史负荷的延迟特征也是一个重要的输入，能够为模型提供足够的上下文信息。

在数据准备阶段，确保数据集的多样性和充足性至关重要。随着智能电表的普及，电力行业积累了大量高频率的负荷数据，这些数据为深度学习模型提供了丰富的训练素材，进一步增强了模型的预测能力。

2. 深度学习模型的应用与比较

在电力负荷预测中，多种深度学习模型均得到广泛应用，主要包括卷积神经网络（CNN）、循环神经网络（RNN）及其变种，如长短时记忆网络（LSTM）和门控循环单元（GRU）。这些模型在处理电力负荷的时序数据时各具优势。

卷积神经网络擅长提取数据中的局部特征，其在图像处理中的成功经验也被迁移至电力负荷预测中。CNN通过卷积层和池化层的组合，能够捕捉负荷数据中的短期趋势和变化，为负荷预测提供有力支持。在一些研究中，CNN已显示出较高的预测精度，尤其是在处理具有明显局部特征的数据时表现突出。

循环神经网络及其变种则更适合处理具有长时间依赖关系的数据，RNN在电力负荷预测中表现出色，能够对历史负荷的变化趋势进行有效建模。LSTM和GRU通过引入门控机制，能有效解决传统RNN在长序列训练中的梯度消失问题。这些网络在捕捉时间序列数据中的长短期依赖性方面表现优异，已被广泛应用于电力负荷的短期预测。

在实际应用中，混合模型和集成学习方法也开始受到关注。将CNN与RNN结合的混合模型可以同时利用空间和时间特征，从而进一步提升预测精度。集成学习策略（如随机森林和梯度提升树）也可与深度学习模型相结合，发挥各自的优势，改善模型的鲁棒性和准确性。

3. 模型评估与性能优化

在电力负荷预测的实践中，模型评估和性能优化不可或缺。常用的评估指标包括均方根误差（RMSE）、平均绝对误差（MAE）和 R 平方值等。通过这些指标，能够有效评估模型的预测能力，从而指导模型的优化方向。

针对模型性能的优化，可以从多个方面入手。数据的增量学习策略可以有效提高模型对新数据的适应能力。迁移学习方法也成为一种流行的选择，能够在已有模型的基础上进行微调，以适应新任务或新数据。超参数优化同样是提升模型性能的重要环节，通过网格搜索或贝叶斯优化等技术，寻找最佳的超参数组合。

在深度学习模型的训练过程中，正则化技术也能有效防止过拟合现象的发生。使用Dropout、L2正则化等方法，有助于提升模型的泛化能力，使其在实际应用中能够更好地应对数据的不确定性。模型的可解释性也逐渐受到关注，通过可视化技术理解模型的决策过程，能够为电力负荷预测提供更多的信息和透明度。

深度学习在电力负荷预测中展现出强大的能力，多个模型的应用和比较为实际预测提供了丰富的选择。数据预处理与特征工程是关键的第一步，深度学习模型的选择和性能优化同样至关重要。随着技术的不断发展和数据的日益丰富，深度学习在电力负荷预测中的应用前景将更加广阔，有望为电力行业带来更高的效率和更低的运营成本。

四、深度学习模型优化方法

深度学习模型优化是提升其性能和效率的重要环节，在实际应用中，尤其是在电力市场预测领域,模型的优化直接影响预测的准确性和实时性。优化方法包括多种技术手段,从网络结构设计到超参数调整,均能显著提高模型在复杂数据集上的表现。有效的优化策略不仅能够减少计算资源的消耗,还能够提升模型的泛化能力,为电力市场的决策支持提供更为精准的数据基础。

1. 超参数调整

在深度学习模型中,超参数的设置往往决定了模型的训练效果和预测能力。超参数包括学习率、批量大小、网络层数、激活函数等。选择合适的学习率对模型的收敛速度和稳定性至关重要,过高的学习率会导致训练过程的不稳定,甚至出现损失函数的发散,而过低的学习率则会导致训练时间的延长和性能的降低。

批量大小的选择同样重要,较小的批量能够引入更多的随机性,有助于提高模型的泛化能力,但训练速度较慢;相对较大的批量则能够加速训练过程,但会导致模型的过拟合。网络层数和每层的神经元数量也需根据具体任务进行调节,过多的层数会导致梯度消失或爆炸的问题。

在超参数调整过程中,常用的方法有网格搜索和随机搜索。网格搜索会尝试所有的超参数组合,而随机搜索则在预设的参数范围内随机选择组合,前者适合参数较少的情况,后者在参数空间较大时能够显著节省时间。采用贝叶斯优化算法等先进方法可以进一步提高超参数调整的效率。

2. 正则化技术

在深度学习模型中,正则化是防止过拟合的重要手段。过拟合通常发生在模型复杂度较高而训练样本数量相对较少的情况下,导致模型在训练数据上表现良好但在测试数据上表现不佳。常见的正则化技术包括 L1 正则化、L2 正则化和 Dropout。

L1 正则化能够引入稀疏性,使得部分特征的权重变为零,从而降低模型复杂度;而 L2 正则化则通过对权重的平方和进行惩罚,促使模型选择更小的权重值,从而提高泛化能力。Dropout 在训练过程中会随机丢弃一部分神经元,以防止网络对某些特征的过度依赖,从而提高模型的鲁棒性。

在电力负荷预测中，应用正则化技术能够有效降低模型在历史数据上的拟合程度，提高对新数据的预测能力。结合具体数据集的特点，灵活运用这些正则化手段将进一步增强模型的预测性能。

3. 模型集成

模型集成是一种提高预测精度的有效方法，通过组合多个模型的预测结果来获得更为准确的最终输出。集成学习的主要思想是将不同模型的优势结合在一起，从而抵消单个模型存在的偏差。常见的集成方法包括 Bagging 和 Boosting。

Bagging 方法通过在训练数据上进行有放回的抽样，构建多个子模型，然后将它们的预测结果进行平均或投票，以减少模型的方差；而 Boosting 方法则是通过依次训练多个弱学习器，每个新模型关注前一个模型的错误预测，最终将这些弱模型结合形成一个强模型，显著提高了预测的准确性。

在电力市场预测中，集成学习能够有效提升对复杂和动态数据的适应能力。不同模型的结合能够捕捉数据中的多样性和复杂性，为决策者提供更为可靠的预测信息。

深度学习模型的优化是提升电力市场预测效果的关键环节，超参数调整、正则化技术和模型集成等方法各具特色，能够在不同场景下发挥重要作用。合理应用这些优化技术，不仅能够提高模型的性能，还能够在实时数据分析中实现更高的预测准确度，为电力行业的智能决策提供支持。在不断演进的技术背景下，深入研究和应用这些优化策略，将为深度学习在电力市场中的进一步发展奠定坚实的基础。

第三章 电力现货市场的价格预测

第一节 价格预测的理论基础

一、电力市场价格波动的原因

电力市场价格波动是由多种因素共同作用的结果,涵盖了供需关系、政策变化、市场心理和外部环境等多个方面。电力需求受季节、气候和经济活动的影响显著,任何微小的变化都会导致价格的剧烈波动。电力的供应也受到发电成本、能源结构以及基础设施状况的制约。政策层面的调控、市场规则的变更以及技术进步也都会对市场价格形成影响,这些因素的相互作用使得电力价格表现出高度的不确定性。

1. 供需关系的动态变化

在电力市场中,供需关系是价格波动的核心驱动力之一,电力的需求常常呈现出时效性特征,在高峰时段,需求通常会迅速增加,而在非高峰时段,则会显著下降。供给方面则涉及发电厂的生产能力、燃料成本以及突发事件的影响,设备故障或自然灾害的发生,都会影响电力的可用性,需求的激增与供给的滞后造成电力价格的快速上升。市场参与者通常会基于历史数据和现有趋势进行预判,但由于市场环境瞬息万变,单一的预测模型无法充分反映市场的真实状况。需求的季节性波动、突发的社会事件以及其他外部经济因素会在短时间内改变供需关系，进而引起价格的剧烈波动。电力市场中的这种动态特性要求参与者具备灵活应变的能力，以适应不断变化的市场环境。

市场中信息的不对称也是导致价格波动的重要因素，市场参与者所拥有的信息量和信息质量的差异，使得部分参与者在决策时基于错误的预期进行交易，进而引发价格的剧烈波动。当某些市场参与者提前预测到需求的增加时，会提前购入电力，导致价格在实际需求上升之前就已上涨，信息的及时传递和共享在电力市场的稳定运行中显得尤为重要。市场心理和投机行为同样对电力价格形成重要影响，交易者的情绪、预期以及市场的整体氛围会影响他们的决策。投资者会根据市场情绪进行投机，而这又会对价格波动产生放大效应，过度的乐观或悲观情绪会导致价格的非理性波动，进而给市场带来额外的不稳定性。

2. 政策与市场机制的影响

电力市场的价格波动不仅受到供需关系的影响，还受到政策和市场机制的深刻影响。政府对电力行业的监管政策、税收政策以及补贴政策都会直接或间接地影响电力价格的形成。某些国家为了促进可再生能源的发展，会对传统化石燃料发电实施更高的税率，这将导致化石能源发电成本上升，进而推动电力市场价格的上涨。市场机制的设计和实施也对价格波动起着至关重要的作用，不同的市场结构会导致不同的价格形成机制。在某些市场中，采用的是集中竞价方式，这种方式能够有效提高市场透明度，但也可能导致价格剧烈波动；而在其他市场中，采用的是长期合同和固定价格机制，这种机制能够提供一定的价格稳定性，但在面对供需变化时，调整的灵活性较低。

国际能源市场的波动也传导至国内电力市场，当国际油气价格上涨时，作为发电原料的燃料成本也会随之上升，从而推动电力价格的上涨。而这类价格波动通常会对电力市场产生长远的影响，导致电力价格不仅受国内供需影响，还受到全球市场的动态变化的影响。关注全球能源市场的走势，了解国际形势对于国内电力市场的影响变得极为重要。电力市场价格波动的原因多种多样，既包括供需关系的动态变化，也涵盖政策与市场机制的复杂交互作用。市场参与者需要具备全面的视野和敏锐的洞察力,以便在这个复杂多变的市场环境中做出合理的决策,从而有效应对价格波动带来的风险与挑战。

二、价格预测模型的选择

价格预测模型的选择对于电力市场的有效运行至关重要,合适的模型能够提升预测的准确性,从而为市场参与者提供更为有效的决策支持。在电力市场中,价格受多种因素的影响,包括供需关系、政策环境以及市场心理等,进行模型选择时需充分考虑这些变量的复杂性和动态变化特征。

1.统计模型和机器学习模型的运用

在众多预测模型中,统计模型因其相对简单易懂而被广泛应用于电力价格预测,常见的统计学方法包括时间序列分析、回归分析以及指数平滑法等,这些方法能够有效地捕捉到历史数据中的趋势与规律,进而进行价格预测。时间序列分析尤其适合用于处理具有明显季节性和周期性的电力价格数据,通过对历史数据的深入分析,能够识别出长期趋势、季节性波动和随机干扰等因素。回归分析则通过建立价格与相关变量之间的数学关系来进行预测。在这种方法中,市场参与者可以根据多个影响因素,如历史电价、供需数据和经济指标等,建立多元回归模型,该模型通过对历史数据的拟合,可以推导出未来价格的变化趋势。尽管统计模型易于实现和理解,但它们往往无法处理复杂的非线性关系和高维数据问题,因此在面对电力市场的动态变化时,会出现预测精度不足的情况。

除了传统的统计学方法,现代的机器学习算法也在价格预测中逐渐崭露头角,这类方法不仅能够处理大量的历史数据,还能适应数据的非线性特征。常见的机器学习模型包括支持向量机、随机森林和神经网络等。支持向量机通过寻找最优超平面来划分数据,能够处理高维特征的情况,特别适用于具有复杂边界的电力市场数据。随机森林作为一种集成学习方法,通过构建多个决策树并进行投票,显著提高了模型的稳定性和预测准确性。神经网络,尤其是深度学习，能够在大数据背景下处理更为复杂的模式识别任务，适用于捕捉电力价格数据中的深层次特征。

在选择价格预测模型时，必须考虑模型的可解释性和计算复杂度。统计模型通常具备较好的可解释性，便于市场参与者理解价格形成的逻辑，而机器学习模型则在预测精度上表现突出，但面临"黑箱"问题，难以解释模型内部的决策过程。在不同的应用场景中，选择适合的模型往往需要综合考虑准确性、可解释性和计算资源的限制。模型选择还需考虑数据的可获取性和质量，数据的时效性和准确性对模型的预测效果有着直接影响，缺失或错误的数据会导致预测结果不准确。在实际应用中，确保数据的高质量以及及时更新成为模型成功应用的重要前提，数据预处理和特征工程也成为价格预测模型构建过程中的关键步骤。

2. 机器学习与深度学习的比较

在当今电力价格预测领域中，机器学习与深度学习正逐渐成为研究者和市场参与者关注的焦点，前者以其灵活性和较高的可解释性受到广泛欢迎，后者则因其卓越的处理能力和自动特征学习能力而备受青睐。

机器学习算法的优点在于其相对较低的计算资源要求和较快的训练速度，适用于处理较小规模的数据集。在应用于电力价格预测时，机器学习算法能够通过训练数据快速建立模型，并在面对新的数据时快速生成预测结果。支持向量机通过构建超平面进行分类，适合处理高维空间中的数据，而随机森林则通过多树集成的方式提升了模型的稳健性。在数据量较小或特征较少的情况下，机器学习模型能够很好地捕捉到价格的变化趋势，并进行合理预测。

深度学习模型在数据量巨大且特征复杂的情况下表现出色，尤其适用于高维特征的情况。在电力市场中，深度学习能够通过构建深层神经网络，自动提取数据中的高阶特征，减少了人工特征工程的工作量。通过卷积神经网络和递归神经网络等架构，深度学习模型在捕捉时间序列数据中的潜在模式方面展现了卓越的能力。

虽然深度学习在处理复杂数据时具有显著优势，但其对计算资源的需求相对较高，训练过程通常耗时较长，并且模型的可解释性相对较弱。在电力市场的实际应用中，市场参与者需要在预测准确性和计算效率之间找到平衡，选择最适合其需求的模型。在特定的应用环境中，结合机器学习与深度学习的方法将会更加有效。值得注意的是，模型的选择不仅关乎技术层面，还涉及市场参与者的实际需求和资源配置。在不同的市场环境和数据条件下，所需的预测精度与实时性也存在差异，灵活运用多种模型，结合其优缺点，可以更全面地应对电力市场的复杂性。

三、价格预测模型的评价标准

在电力市场中，价格预测模型的评价标准是决定模型有效性和适用性的重要依据，评价的维度通常涵盖预测精度、计算效率、模型稳定性以及可解释性等多个方面。只有在对模型进行全面评价后，才能为市场参与者提供更为可靠的决策支持，提升市场运行的效率和准确性。

1. 预测精度的衡量

预测精度是评价价格预测模型最为关键的标准之一，通常通过多种统计指标来进行量化，如均方误差（MSE）、平均绝对误差（MAE）和决定系数（R^2）等，这些指标能够直观反映模型在实际预测中与真实值之间的差距，为市场参与者判断模型的有效性提供了重要依据。在电力市场中，价格波动的特性使得高精度的预测显得尤为重要，尤其是在瞬息万变的市场环境中，任何微小的预测误差都可能导致重大经济损失。模型的预测精度不仅依赖其算法和参数设置，还受到输入数据质量的影响。在价格预测中，数据的及时性、完整性和准确性都直接关系到模型的输出效果，只有确保数据的高质量，才能提高预测的准确性。在构建模型时必须重视数据预处理，包括数据清洗、特征选择和异常值处理等环节，以提高模型的整体表现。

对于电力市场而言，特定时期的价格波动特征不同，模型在不同市场环境下的表现也存在差异，评价模型时还需考虑其在历史数据中的表现和外推能力。良好的模型应能够在面对新数据时保持一定的预测准确性，确保其在不断变化的市场中依然具有应用价值。在实际应用中，采用交叉验证方法对模型的预测精度进行评估也是一种有效手段，尤其是在数据量较大且复杂性较高的电力市场环境中，交叉验证能够降低过拟合的风险，提高模型的泛化能力，从而确保其在实际操作中的可靠性。

2. 计算效率与模型稳定性

在电力市场的动态环境中，计算效率是评价价格预测模型的重要标准之一，尤其是在面对大规模数据时，模型的训练和预测速度会直接影响市场参与者的决策及时性。计算效率不仅与模型的算法复杂度有关，还与所需的计算资源和时间成本紧密相关。在选择模型时，需综合考虑其计算需求与市场实时性的平衡，确保在合理的时间内获取有效的预测结果。

除了计算效率外，模型的稳定性也是一个不可忽视的评价标准，尤其是在电力市场价格波动较大的情况下，模型的稳定性直接关系到预测结果的一致性和可靠性。稳定性较强的模型能够在面对不同的输入数据时保持相对一致的输出，从而增强市场参与者对预测结果的信心。在电力市场中，若模型在某一特定条件下表现不佳，则在实际操作中可能导致决策失误，造成经济损失。

模型的稳定性可以通过评估其在不同时间段、不同数据集上的表现来进行量化，如果模型在不同条件下仍能提供相对一致的预测结果，则说明该模型具备较强的稳定性。对于价格预测模型而言，建立在多种数据源和算法基础上的集成模型，往往能够提升预测的稳定性，增强模型对市场变化的适应能力。模型的可解释性也逐渐成为评价的重要标准之一，尤其是在电力市场这种复杂的环境中，市场参与者不仅需要了解模型的预测结果，更希望理解预测背后的逻辑和原因。具备良好可解释性的模型能够帮助市场参与者识别关键影响因素，并制定相应的策略，从而在竞争激烈的市场中占据优势。

四、电力价格预测的重要性

电力价格预测在市场运作中具有至关重要的作用，准确的预测能够帮助市场参与者优化决策、降低风险并提升经济效益。面对电力市场的复杂性和不确定性，价格预测为电力交易、投资决策以及政策制定提供了必要的依据，从而为电力市场的健康发展奠定了基础。

1. 促进市场效率与稳定

电力价格预测在提升市场效率方面起着关键作用，准确的价格信息能够引导资源的合理配置，进而促进电力市场的有效运作。在电力交易中，价格作为市场信号，直接影响着生产者和消费者的行为，清晰的价格走势能够帮助电力生产者做出合理的发电计划，避免资源的浪费，同时也为消费者提供了合理的用电决策依据。在市场价格波动较大的情况下，预测模型提供的价格信息将成为参与者规避风险、降低成本的重要工具。

对于电力企业而言，价格预测有助于优化生产与调度，提升发电效率。在高峰时段，电力需求增加，价格上涨的预期促使发电企业提高发电能力，以满足市场需求。这种动态调整不仅有助于降低发电企业的经营风险，还能确保市场供需平衡。面对复杂的市场环境，科学的价格预测为电力企业制定长期战略和短期战术提供了有力支持，帮助企业在竞争中保持优势。

价格预测的准确性直接关系到市场的稳定性，若价格信息不准确，会导致市场参与者在决策时产生错误判断，进而引发市场波动加剧。在电力市场中，价格的剧烈波动不仅会影响企业的运营，也会对消费者的用电行为产生负面影响，因此建立高效、可靠的价格预测机制，确保价格信息的及时更新与准确传递，显得尤为重要。在政策层面，政府和监管机构也需要依赖电力价格预测来制定合理的市场政策，通过对市场价格趋势的分析，能够为政策的调整和制定提供重要依据，促进市场的健康发展。政策的有效性在于能够及时响应市场变化，而电力价格预测则为政策制定者提供了必要的信息支持，确保政策实施的科学性与合理性。

2. 支持投资决策与风险管理

电力价格预测在投资决策中扮演着不可或缺的角色，准确的价格走势可以帮助投资者识别市场机会和制定投资策略。电力行业的投资具有较强的长期性和复杂性，投资者在进行资本配置时，需充分考虑未来市场价格的变化及其潜在风险。科学的价格预测能够帮助投资者判断市场的发展趋势，识别投资机会，从而制订合理的投资计划，降低投资风险。在进行电力项目投资时，预测价格波动的能力将影响项目的可行性分析和财务评估。电力市场的收益波动与价格密切相关，预测模型所提供的价格信息能够为投资者评估项目的回报和风险提供依据。在高价位市场中，投资回报潜力较高，会吸引更多资金进入；而在低价位市场中，投资者则需谨慎决策，防范潜在损失。

除了支持投资决策外，电力价格预测在风险管理中同样发挥着重要作用。电力市场价格波动会导致企业面临重大财务风险，准确的价格预测能够帮助企业制定相应的风险管理策略。在电力市场中，价格风险是不可避免的，而通过建立完善的风险管理体系，结合价格预测的结果，能够有效降低企业的财务压力，提高抗风险能力。在应对价格风险时，企业可以通过金融工具进行对冲，利用期货、期权等衍生品来锁定价格，从而减少市场波动对利润的影响。定期进行价格预测及其分析，也能够为企业提供动态的风险评估，帮助企业实时调整其风险管理策略，以适应市场的变化。

在整体市场环境中，电力价格预测为政府、企业及其他市场参与者提供了重要的信息支持，促进了市场的稳定性和有效性。在面对不确定的市场时，预测模型的应用能够为各方决策提供必要的依据，确保其在瞬息万变的市场中做出科学合理的选择。

第二节 统计学方法在价格预测中的应用

一、时间序列分析法和回归分析方法

统计学方法在电力价格预测中扮演着重要角色，这些方法凭借其相对简单和直观的特点，被广泛应用于各类电力市场分析中。在电力价格预测过程中，

统计学方法提供了一种系统化的手段来处理历史数据,并通过对数据的分析,帮助市场参与者做出合理的决策。有效的价格预测不仅可以提升市场效率,还能够降低投资风险,从而实现更为科学的资源配置。

1. 时间序列分析法

时间序列分析法在电力价格预测中得到了广泛应用,其核心思想是利用历史价格数据的时间特征,分析数据中的趋势、季节性及周期性变化,进而对未来的价格走势进行预测。这种方法适合处理具有时间依赖性的数列数据,尤其是在电力市场中,价格往往受到历史因素的深刻影响,时间序列分析法能够较好地反映这种关系。在实际应用中,时间序列分析法主要包括自回归移动平均(ARMA)模型、自回归积分滑动平均(ARIMA)模型以及季节性自回归积分滑动平均(SARIMA)模型等,见表3-1。这些模型通过不同的参数设定与数据预处理,能够有效捕捉到价格数据中的趋势与波动特征,为电力市场的价格预测提供可靠的依据。

表3-1 时间序列模型比较

模型	特点	适用场景
ARMA	适合平稳时间序列,结合自回归与移动平均	电力价格数据相对平稳时
ARIMA	可处理非平稳序列,通过差分使序列平稳	具有趋势但无季节性变化的电力市场
SARIMA	考虑季节性变化,适用于具有季节性的时间序列	季节性电力需求变化明显的市场

在应用时间序列分析法时,数据预处理显得尤为重要,历史数据的清洗、缺失值的处理以及异常值的检测都会直接影响模型的构建与预测效果,通过对历史数据进行规范化处理,能够提高模型的拟合度,从而增强预测的准确性。时间序列模型的参数选择与检验是一个复杂的过程,通常需要通过赤池信息量准则(AIC)、贝叶斯信息准则(BIC)等信息准则进行模型选择,以确保最终选定的模型能够较好地反映数据的特征。

时间序列分析法的一个显著优势在于其可解释性,模型参数通常与市场中的实际经济因素密切相关,市场参与者能够从中获得关于价格变化的深层次洞察，这种可解释性为决策者提供了更为直观的依据，使其能够在复杂的市场环境中做出更为明智的决策。虽然时间序列分析法在价格预测中有着广泛的应用，但也存在一定的局限性，尤其在面对非线性关系和复杂交互作用时，传统的时间序列模型无法捕捉到价格波动的全部特征。为了克服这些不足，近年来的研究中也逐渐引入了机器学习和深度学习等新兴技术，以丰富和完善价格预测的方法体系，提升预测的准确性和可靠性。

2. 回归分析方法

回归分析方法在电力价格预测中同样占据重要地位，特别是在探究价格与其他经济变量之间的关系时，回归分析能够提供清晰的量化结果，这种方法通过建立数学模型来描述因变量与自变量之间的关系，从而实现对价格的预测。电力价格通常受到多种因素的影响，包括供需关系、天气状况和宏观经济指标等，回归分析能够有效整合这些影响因素，为价格预测提供更加全面的视角。在回归分析中，最常用的模型包括线性回归、多元回归以及逐步回归等，模型的选择依据具体的研究目标和数据特征而定。线性回归适用于变量之间存在线性关系的情况，而多元回归则能够处理多个自变量对因变量的影响，适用于更为复杂的市场环境，通过对历史数据进行拟合，回归模型能够揭示各影响因素与电力价格之间的关系，进而进行价格预测。

回归分析的优点在于其相对较强的可解释性，模型中各自变量的系数可以直观反映其对电力价格的边际影响。市场参与者能够借助这一信息，识别出价格变化的主要驱动因素，从而制定更为有效的策略。回归分析方法的灵活性也使其能够适应不同的市场条件，根据市场环境的变化调整模型结构，保持良好的预测性能。

尽管回归分析方法在电力价格预测中具有许多优点，但其局限性同样显著，尤其是在处理非线性关系时，传统回归模型的效果往往不尽如人意。回归分析与时间序列分析相辅相成，共同构成了电力价格预测的重要工具体系。在实际应用中，结合这两种方法的优势，形成多层次、多角度的预测框架，有助于提升电力价格预测的准确性和可靠性。有效的价格预测不仅可以帮助市场参与者优化决策，还能够促进电力市场的健康发展。

二、线性回归模型

线性回归模型是一种常见且有效的统计分析工具，被广泛应用于电力价格预测中，凭借其简洁性和较强的可解释性，成为市场分析的重要手段。该模型通过构建自变量与因变量之间的线性关系，提供了对电力价格变化的系统化理解，为市场参与者在复杂的决策环境中提供重要依据。运用线性回归模型时，需要关注数据的质量、变量的选择以及模型的适用性，以确保最终预测结果的准确性和可靠性。

1.线性回归模型的基本原理与应用

线性回归模型的基本原理在于利用历史数据建立一个线性方程，该方程能够描述一个或多个自变量与因变量之间的关系。在电力价格预测的背景下，因变量通常是电力价格，而自变量则包括供需因素、天气变化、经济指标等多种影响因素。通过对历史数据的分析，线性回归模型能够量化各自变量对电力价格的影响程度。

在进行线性回归分析时，选择合适的自变量，确保其与因变量之间存在显著的相关性。选择不当的自变量不仅会导致模型效果不佳，还会引入噪声，影响预测结果的准确性。对数据进行充分的探索性分析，有助于识别出与电力价格相关的关键因素，进而提升模型的有效性。模型的建立过程通常涉及最小二乘法，该方法通过最小化实际观测值与预测值之间的平方差，寻找最佳拟合线，这一过程能够为市场参与者提供清晰的价格预测，且模型参数的显著性检验可进一步确认自变量的有效性。模型的拟合效果可以通过决定系数（R^2）等指标来衡量，较高的 R^2 值通常表明模型能够较好地解释因变量的变动。

线性回归模型在电力价格预测中的应用也体现在其灵活性上，能够适应不同的市场条件与数据特征。对于不同的市场环境，需要调整模型的结构或选择新的自变量，以保持其预测性能的有效性。在实际操作中，利用交叉验证等方法对模型进行检验与优化,能够增强模型的稳定性与鲁棒性,降低过拟合的风险。线性回归模型的可解释性是其在电力市场应用中的一个显著优点,市场参与者能够轻松理解各自变量对电力价格的影响,从而做出更为明智的决策。

2.线性回归模型的局限性与改进

尽管线性回归模型在电力价格预测中具有广泛的应用,但其局限性同样显而易见,尤其是在处理复杂非线性关系时,该模型的效果往往不如预期。电力市场价格波动受到多种因素的影响,这些因素之间存在非线性或交互作用,而线性回归模型在这种情况下无法有效捕捉到重要的信息,导致预测结果出现偏差。对于非线性关系的处理,许多研究者尝试通过引入多项式回归或分段回归等方法,提升模型的适应能力。多项式回归通过增加自变量的高次项,能够更好地拟合非线性数据,从而提高预测的准确性。分段回归则将数据划分为若干区间,在每个区间内应用不同的回归模型,适应性更强。

线性回归模型对于异常值的敏感性也是其局限之一,在电力市场中,极端天气或政策变动导致价格出现剧烈波动,而这些异常值会对模型的拟合产生不利影响,从而影响最终的预测效果。采用鲁棒回归方法能够在一定程度上缓解这一问题,通过降低异常值对模型的影响,提升模型的稳定性。为了进一步提高线性回归模型的效果,选择合适的数据预处理方法同样至关重要,包括数据归一化、缺失值处理和异常值检测等,这些步骤能够为模型提供高质量的数据输入,从而提升预测的可靠性。在电力市场日益复杂的背景下,将线性回归模型与其他先进方法,如机器学习和深度学习相结合,能够形成更为强大的预测工具,增强模型的综合表现。

三、VAR模型和VECM模型

向量自回归(VAR)模型和向量误差修正(VECM)模型是用于多变量时间序列分析的重要工具,尤其是在电力市场的价格预测中,两者能够有效处理多个时间序列变量之间的相互关系。VAR模型的灵活性使其适用于各类经济数据的建模，而 VECM 模型则在长期均衡关系分析中显示出独特的优势。对这两种模型的深入理解与应用，将有助于市场参与者做出更为科学的决策，并提高价格预测的准确性。

1.VAR 模型的基本原理及应用

VAR 模型是一种多变量时间序列模型，通过将多个时间序列变量联立在一起，捕捉其间的动态关系，该模型的核心在于各个变量不仅受到自身过去值的影响，同时受到其他变量过去值的影响。电力市场价格受多个因素的影响，如电力需求、气候变化、经济活动等，这些因素之间的相互作用能够通过 VAR 模型得到有效体现。

在建立 VAR 模型时，确定模型的滞后期数，选择合适的滞后期数对于模型的预测能力至关重要，常用的滞后期数选择方法包括信息准则，如赤池信息量准则（AIC）和贝叶斯信息准则（BIC），这些方法能够在保证模型拟合度的基础上优化模型的复杂性。数据的平稳性也是建立 VAR 模型的重要条件，非平稳时间序列需进行差分处理，以确保模型的有效性。

VAR 模型具有良好的预测能力，能够提供对未来价格的多步预测。市场参与者可以通过分析模型输出的脉冲响应函数，了解一个变量的冲击如何影响其他变量的动态变化。这一特性为电力市场的动态分析提供了极为重要的工具，使得 VAR 模型能够揭示不同经济因素之间的交互作用，并帮助决策者理解市场的运行机制。VAR 模型的局限性在于其假设所有变量之间的关系都是线性的，无法捕捉到复杂的非线性互动。如果市场中存在非线性关系，传统的 VAR 模型会导致预测结果不准确。在一些特定场景中，结合非线性模型或其他高级分析工具，能够提升整体预测效果。

2.VECM 模型的特点与应用

VECM 模型是一种适用于非平稳时间序列数据的分析工具，尤其适合处理存在协整关系的变量。在电力市场中，各类影响因素通常具有长期均衡关系，VECM 模型能够在考虑短期动态变化的同时揭示变量间的长期关系，该模型通过将 VAR 模型与协整理论相结合，为市场分析提供了更为全面的视角。在建立

VECM 模型之前，必须进行协整检验，以确定变量间是否存在稳定的长期关系。常用的检验方法包括 Engle-Granger 方法和 Johansen 检验，这些方法能够有效识别多个时间序列变量间的协整关系。确定协整关系后，VECM 模型能够反映出变量间的短期动态调整机制，进而为电力价格的预测提供重要依据。

VECM 模型的优势在于其能够有效分离长期和短期效应，市场参与者能够通过分析误差修正项来理解系统偏离长期均衡状态后的调整过程，这一特性为电力市场的风险管理提供了理论支持，帮助决策者制定应对市场波动的策略。VECM 模型所揭示的动态调整机制能够为参与者提供及时的市场信号，促使其做出快速反应。尽管 VECM 模型在处理电力市场的协整关系方面表现突出，但其对数据的要求较高，包括样本量、数据质量等。模型的准确性和可靠性受到数据预处理及变量选择的影响，在实际应用中需确保数据的高质量与适当性。在参数估计时，VECM 模型也需要通过信息准则来确定最佳滞后期，以达到理想的拟合效果。

结合 VAR 模型与 VECM 模型的特点，电力价格预测可以实现多维度的分析，提升市场参与者对价格动态变化的理解。在面对复杂的市场环境时，综合运用这两种模型，能够为决策者提供更加全面和准确的预测结果，进而帮助其在瞬息万变的电力市场中制定更为有效的策略。有效的预测不仅能降低市场风险，还能促进资源的合理配置，推动电力市场的健康发展。

四、统计学方法的优势和局限性

统计学方法在电力价格预测中占据着重要地位，凭借其定量分析的特点，能够为决策者提供数据支持与理论依据。这些方法涵盖了从基本的回归分析到复杂的时间序列模型等多种技术，旨在揭示变量之间的关系及其动态变化。对统计学方法的深入分析，不仅有助于理解其在电力市场中的应用潜力，也为评估其局限性提供了理论框架。

1. 统计学方法的优势

统计学方法在电力市场预测中具有明显的优势，主要体现在数据分析能力、模型可解释性和适应性等多个方面。这些方法能够处理大量的历史数据，为市场趋势的分析提供坚实的基础。电力价格受多种因素的影响，而统计学方法能够通过量化分析，揭示出这些因素之间的相互关系，使得复杂的市场行为变得可控和可理解。通过对历史数据的深入分析，市场参与者能够识别出潜在的价格波动模式，进而做出科学的决策。

统计学方法通常具备良好的模型可解释性。许多常见的统计模型，如线性回归和时间序列分析，能够清晰地表述自变量与因变量之间的关系，使决策者可以直观理解各因素对电力价格的影响程度，这一特性尤其重要，因为它能够帮助决策者在制定策略时考虑到各个变量的作用，从而提高预测的准确性和可靠性。适应性也是统计学方法的一大优势，面对不同的市场环境和数据特征，统计学方法能够灵活调整模型结构，以适应变化的条件。许多统计模型能够通过添加新变量或调整模型参数，实现对市场动态的快速响应，这种灵活性使得统计学方法在面对复杂的电力市场时，能够保持一定的预测能力。

统计学方法的广泛应用和研究也促进了相关理论的发展，相关文献和研究成果的积累为实际应用提供了重要的参考。这个领域的丰富理论基础使得市场参与者在应用这些方法时能够借鉴已有的经验和成果，降低了决策过程中的不确定性。统计学方法的计算效率相对较高，尤其是在面对大量数据时，现代计算机技术的发展使得这些方法的应用变得更加高效；快速的计算能力使得市场参与者可以在更短的时间内完成复杂的数据分析，及时做出反应，从而在竞争激烈的市场环境中占据优势。

2. 统计学方法的局限性

尽管统计学方法在电力价格预测中具备众多优势，但其局限性同样不可忽视。许多统计学方法依赖历史数据的准确性与完整性，如果数据质量不佳，将直接影响模型的有效性和预测结果的可靠性。电力市场受到多种因素的影响，任何数据的缺失或错误都会导致模型偏离实际情况，从而造成预测误差，所以确保数据的高质量至关重要。

统计学方法通常假设变量之间的关系是线性的，这一假设在实际市场中并不总是成立。许多经济现象表现出复杂的非线性关系，传统的统计学方法无法充分捕捉到这些复杂的动态特征。对于存在非线性关系的市场，使用线性模型会导致严重的误导和不准确的预测结果，所以市场参与者在应用统计方法时需谨慎考虑变量间的真实关系。

统计学方法在处理突发事件或异常波动时的有效性存在一定的局限性。电力市场容易受政策变化、自然灾害等突发因素影响，而传统统计学方法往往难以及时反映这些因素的冲击，可能会导致预测失效。对于高度不确定性和快速变化的市场环境，依赖传统统计学方法进行预测无法提供足够的灵活性。统计模型在建模过程中的假设检验与参数估计对结果的影响也不容小觑，如果模型选择不当，会导致错误的结论。许多统计模型需要进行多次假设检验，任何一项假设的失效都会影响最终预测的准确性，所以进行适当的模型选择与评估显得尤为重要。

统计学方法往往缺乏对市场情绪和非理性行为的捕捉能力，电力市场的参与者在决策时不仅受到理性分析的影响，还受到市场情绪、心理因素等非理性因素的驱动，这些因素对价格波动的影响难以通过传统的统计模型进行量化分析，使得模型的预测能力受到一定限制。统计学方法在电力价格预测中既有其显著优势，又存在局限性。市场参与者应充分理解这些优缺点，在选择合适的预测方法时，结合具体的市场条件与数据特征，才能提高预测的准确性和可靠性。综合运用多种分析工具与方法，能够更全面地反映市场动态，从而为更有效的决策提供支持。

第三节 计算智能方法在价格预测中的应用

一、人工神经网络模型

人工神经网络（ANN）作为一种计算智能方法，近年来在电力价格预测领域获得了广泛关注。人工神经网络具有独特的非线性建模能力和自适应学习特性，能够有效捕捉电力市场中复杂的动态关系。对该模型的深入研究与应用，将为电力市场的价格预测提供全新的思路与工具。通过对人工神经网络的特性和应用实例进行探讨，能够为市场参与者提供有价值的参考。

1. 人工神经网络模型的基本原理

人工神经网络模型的核心在于模仿生物神经系统的工作方式，利用节点（神经元）之间的连接权重来进行信息处理和模式识别。网络结构通常由输入层、隐藏层和输出层组成：输入层负责接收外部数据，隐藏层则对输入信息进行非线性变换，输出层生成最终的预测结果。在电力价格预测中，网络的设计和训练对模型性能至关重要。训练过程通常采用反向传播算法，旨在通过最小化预测误差来优化连接权重，该过程涉及多次迭代，网络会逐渐调整权重，以提高对训练数据的拟合度，这种自适应学习机制使得人工神经网络能够有效适应复杂的非线性关系，这对于电力市场中因天气、需求变化和政策波动等因素导致的价格波动预测尤为重要。

人工神经网络模型结构与参数配置概述见表3-2，选择适当的网络结构和参数配置对模型的表现至关重要。隐藏层的数量与节点的选择直接影响模型的拟合能力与泛化能力，过于复杂的模型会导致过拟合，而过于简单的模型则无法捕捉到市场的动态变化。合理的参数选择和模型验证流程对提高预测的准确性有重要作用。数据预处理同样影响人工神经网络模型的表现，输入数据的标准化、归一化处理可以显著提高训练效率和预测精度。这一过程可以确保不同量纲和分布特征的数据能够在同一尺度上进行比较，从而使模型能够更好地学习数据中的内在关系。时间序列数据的延迟特征也常常被纳入模型输入，以捕捉过去信息对未来价格的影响。

表3-2 人工神经网络模型结构与参数配置概述

参数类别	描述	影响
输入层节点数	接收的特征变量数量	影响模型输入信息的丰富性
隐藏层层数	隐藏层的数量	影响模型的学习能力与复杂性

续表

参数类别	描述	影响
隐藏层节点数	每个隐藏层的神经元数量	影响模型的拟合能力
激活函数	神经元输出的非线性函数	影响模型的非线性拟合能力
学习率	更新权重的步长	影响训练收敛速度与稳定性
迭代次数	模型训练的总轮次	影响模型的学习全面性
数据预处理方法	标准化、归一化等处理方式	影响训练效率与预测精度
时间序列特征	输入的延迟特征数量	捕捉过去信息对未来的影响

2. 人工神经网络模型的优势与局限性

在电力市场价格预测中，人工神经网络展现出诸多优势，非线性建模能力是其显著特点。电力市场价格受到多种因素影响，而这些因素之间的关系往往是非线性的。人工神经网络能够有效识别和建模这种复杂的关系，从而提高预测准确性。自适应学习特性使得人工神经网络模型能够随着数据的变化进行调整，增强了其在动态市场环境中的适应性，能够实时反映市场变动。

人工神经网络在处理大规模数据时表现出色。随着计算技术的进步，神经网络模型能够高效地处理海量历史数据，提取出潜在的模式和趋势，为电力价格预测提供更为可靠的基础。由于人工神经网络的自动学习特征，其在特征选择方面的优势也不容忽视，这一特性能够减少人为干预，提高建模效率。人工神经网络同样存在局限性，模型的复杂性和"黑箱"特性使得其可解释性较差，这对于需要透明度的电力市场决策过程来说，构成一定挑战。市场参与者在依赖模型结果时，难以理解模型做出某一特定预测的原因，导致信任度降低。模型的训练过程需要大量的高质量数据，数据的缺失或不准确也会直接影响模型的有效性和可靠性。

模型的参数调整与网络结构设计对预测结果也有重要影响，参数选择不当会导致过拟合或欠拟合现象，影响模型在未知数据上的表现。电力市场的波动性和不确定性给模型的泛化能力带来挑战，尤其是在极端市场条件下，预测的准确性大打折扣。人工神经网络作为一种强大的计算智能工具，在电力市场的价格预测中展现出广阔的应用前景。尽管存在一定的局限性，适当的模型设计与数据处理仍然能够有效提高预测能力，为市场参与者提供更为精准的决策支持。在未来的发展中，结合其他先进技术与方法，人工神经网络在电力市场中的应用将进一步深化。

二、遗传算法和粒子群优化算法

遗传算法（GA）和粒子群优化算法（PSO）作为两种重要的计算智能方法，在电力价格预测领域逐渐显露出独特的优势。这两种算法均源于对自然界启发式搜索机制的模拟，分别模拟生物进化和鸟群觅食的过程，以寻找最优解或接近最优解。随着电力市场复杂性的不断增加，这些算法能够有效应对非线性、多峰值以及高维度的优化问题，从而为电力市场的价格预测提供更为精确的模型选择和参数调优策略。

1. 遗传算法的基本原理与优势

遗传算法是一种模拟自然选择和遗传机制的优化方法，被广泛用于解决各种复杂的优化问题。在电力价格预测中，遗传算法的基本思想是将待优化问题转化为适应度函数，通过模拟生物遗传过程中的选择、交叉和变异等机制，逐步进化出更优的解。个体（解）的选择依据其适应度进行评估，适应度高的个体更有可能在下一代中存活并繁衍。

遗传算法的优势体现在其强大的全局搜索能力，相比传统的优化算法，遗传算法具有较强的鲁棒性，能够有效避免陷入局部最优解的困境。面对复杂的电力市场环境，市场价格的波动常常表现出非线性特征，而遗传算法能够通过多种解的组合与演化，找到全局最优解，这一特性使得遗传算法在选择最佳预测模型和优化模型参数时能够展现出显著的效果。

在实现过程中，遗传算法并不依赖目标函数的连续性与可导性，这使得其能够被广泛应用于各类具有复杂约束条件的电力价格预测模型中。遗传算法的并行计算特性使得其在处理大规模数据时具有较高的效率，适合应对电力市场中的实时数据分析与处理的需求。遗传算法的灵活性同样值得关注，用户可以根据特定问题的需求调整算法参数，选择不同的选择策略、交叉方法和变异概率，从而使算法更加适合具体的电力价格预测任务。这种可定制性为市场参与者提供了更大的空间，以实现更精确的预测目标。

2. 粒子群优化算法的基本原理与优势

粒子群优化算法是一种基于群体智能的优化方法，源于对鸟群捕食行为的模拟，该算法通过将候选解视为群体中的粒子，每个粒子都在搜索空间中移动，寻找适应度最优的位置。粒子的运动不仅受自身经历的影响，还受其他粒子最佳位置的引导，形成了群体协同优化的机制。在电力价格预测的应用中，粒子群优化算法提供了一种高效的搜索策略，旨在找到最佳模型参数配置。

粒子群优化算法的优势在于其收敛速度较快，能够在较短时间内找到满意的解，这一特性尤其适合电力市场中瞬息万变的价格环境，使得粒子群优化算法能够迅速适应新的市场信息与数据变化。与遗传算法相比，粒子群优化算法在处理高维优化问题时表现出更高的效率，适用于电力价格预测中涉及大量变量的复杂模型。

粒子群优化算法的实现较为简单，参数设置相对较少，因此在应用过程中能够更快速地实现模型的优化。在多变量的电力价格预测中，粒子群优化算法可以高效地探索解决方案，提供可行性更强的预测模型。粒子群优化算法也具有良好的全局搜索能力，能够有效防止过早收敛。在算法迭代过程中，粒子之间的协同作用增强了其探索能力，有助于找到全局最优解。在实际应用中，粒子群优化算法可以与其他模型结合，形成混合优化策略，进一步提升预测精度。这种灵活的组合应用为电力市场价格预测提供了更多的可能性，使得不同类型的模型能够在最优条件下发挥作用。遗传算法和粒子群优化算法作为计算智能领域的重要工具，均在电力价格预测中展示了强大的潜力，通过对这两种算法的深入研究与应用，市场参与者能够更有效地应对复杂的市场环境，提高价格预测的准确性和决策的科学性。

三、支持向量机算法

支持向量机（SVM）是一种被广泛应用于分类和回归分析的机器学习方法，尤其适合处理高维数据和复杂的模式识别任务。SVM 以其卓越的分类性能和坚实的理论基础在电力价格预测领域获得了显著的关注。这种算法的核心在于寻找一个最佳超平面，将不同类别的数据分隔开，从而实现有效的预测。对支持向量机的研究与应用，为电力市场的价格波动分析提供了新的视角和方法。

1. 支持向量机的基本原理与优势

支持向量机的基本原理是通过构建一个最优的决策边界，将样本分为不同的类别。在电力价格预测中，支持向量机不仅可以用于分类任务，还能够有效地解决回归问题。SVM 算法通过将输入数据映射到高维特征空间，利用核函数来提高模型的非线性处理能力，这一特性使得支持向量机在面对复杂的电力市场数据时，能够有效捕捉到价格变化的内在规律。在实现过程中，支持向量机采用结构风险最小化原则，确保模型在训练数据上具有良好的泛化能力，该算法在训练时不仅关注训练集的误差，还对模型复杂度进行约束，从而降低了过拟合的风险。这一特性对于电力市场中的动态环境尤为重要，因为市场价格波动受到多种因素的影响，模型的适应能力会直接影响预测的准确性。

支持向量机的另一个显著优势在于其对噪声数据的鲁棒性。在电力价格数据中，异常值和噪声是不可避免的，传统的回归方法会受到这些因素的影响，而支持向量机能够有效减少噪声对预测结果的干扰。通过选择合适的核函数，SVM 能够在一定程度上实现对复杂数据分布的拟合，从而提高预测的稳定性。支持向量机在高维特征空间中的表现尤为突出，其性能并不会随着特征维度的增加而显著下降。这一特点使得 SVM 在电力市场中可以利用大量的历史数据及相关特征进行深入分析，为价格预测提供强有力的支持。在处理多维特征时，支持向量机能够保持较高的预测精度，确保预测结果的可靠性。

2. 支持向量机在电力价格预测中的应用与挑战

在电力价格预测中，支持向量机的应用已经逐渐深入，它能够有效处理复杂的时序数据，通过构建合适的模型，可以捕捉到价格波动的多种因素及其相互关系。对模型参数的优化，如核函数的选择和正则化参数的调节，将显著影响预测的效果。通常，选择适当的核函数，如线性核、径向基函数或多项式核，能够针对不同的市场特征与数据分布，提高模型的适应能力。

在电力市场中，数据的预处理与特征选择对支持向量机的效果至关重要。原始数据往往包含噪声和缺失值，经过合理的清洗与处理，可以显著提升模型的训练质量。选择与电力价格变化相关性高的特征，能够有效降低模型的复杂性，提高预测效率。特征选择的方法包括主成分分析（PCA）和基于相关性的筛选等，这些技术可以帮助识别对电力价格预测影响最大的变量。

尽管支持向量机在电力价格预测中展现了强大的能力，但仍然面临一些挑战。模型训练过程中的计算复杂度较高，尤其在面对大规模数据集时，训练时间的增长会显著影响实际应用的可行性。支持向量机的模型可解释性较差，这在一定程度上影响了其在实际决策中的应用，市场参与者往往希望理解模型预测结果的原因，而SVM的"黑箱"特性会导致决策信心不足。为提高模型的透明度，结合可解释性分析方法将有助于深入理解模型内部机制，从而增强其在电力市场中的应用信任度。支持向量机作为一种强大的机器学习工具，在电力价格预测中展现出独特的优势，特别是在处理复杂的非线性关系和高维数据方面，使其成为电力市场分析的重要方法。尽管面临计算复杂度和模型可解释性等挑战，但通过不断地研究与优化，支持向量机在电力市场的应用前景依然广阔，为市场参与者提供了精准的决策支持。

四、计算智能方法的应用效果

计算智能方法在电力价格预测中扮演着重要的角色，尤其是在应对复杂市场环境与快速变化的需求方面展现出了巨大的潜力，采用这些先进的技术能够提高预测的准确性，降低因市场波动带来的风险。各类计算智能算法，包括支持向量机、遗传算法、粒子群优化算法等，不仅在提高预测效果方面取得了显著进展，同时为电力市场的参与者提供了更加科学的决策依据。

1. 计算智能方法的优势与成效

计算智能方法的主要优势在于其对大数据处理能力的提升。在电力市场中数据量庞大且具有多样性，传统的预测方法往往难以应对这种复杂性。计算智能方法可以充分挖掘海量数据中潜在的信息，提取与电力价格变化相关的特征，从而为预测模型的构建提供坚实的基础。这种能力不仅提高了预测的准确性，也提升了模型的鲁棒性，能够有效应对数据中存在的噪声和异常值。计算智能方法在特征选择与模型构建上表现出极大的灵活性。遗传算法能够通过进化过程自动选择出对价格预测最有价值的特征，从而避免人工选择带来的误差。粒子群优化算法则能有效调整模型参数，以寻找最佳的预测模型配置。这些特性使得计算智能方法在实际应用中不仅能够降低人为干预的风险，同时增强了模型的适应能力。

在应用效果方面，计算智能方法能够有效提升电力价格预测的精度。与传统统计学方法相比，计算智能方法往往表现出更高的准确性。这是因为这些方法能够更好地捕捉复杂的非线性关系，处理动态变化的数据集。在对电力负荷和价格的关系进行建模时，计算智能方法能够考虑多种变量之间的相互作用，从而使得预测结果更加可靠。计算智能方法的实时性优势也不容忽视，电力市场的价格波动往往具有瞬时性，快速而准确的预测能够帮助市场参与者及时做出反应，降低因价格波动带来的经济损失。利用先进的计算智能方法，可以实现对市场动态的实时监测与预测，使得电力公司、交易者及政策制定者能够在瞬息万变的市场环境中，制定出更加有效的策略与决策。在具体应用方面，计算智能方法还具有较强的可扩展性，随着数据量的增加与计算能力的提升，这些算法能够在原有模型的基础上不断优化，以适应新的市场变化。市场环境的复杂性要求预测模型具备良好的扩展能力，以应对未来出现的新挑战。

2. 应用效果的局限性与挑战

尽管计算智能方法在电力价格预测中展现出了显著的效果，但其应用也面临一定的局限性与挑战，模型的可解释性问题是当前研究的一个重要焦点。计算智能方法的"黑箱"特性，使得其预测结果往往难以解释，市场参与者对预测结果的理解和信任度都会受到影响。在复杂的决策环境中，决策者往往希望深入了解模型的内部机制，以便在必要时进行合理的调整。

计算智能方法在模型训练阶段需要大量的数据支撑，而在电力市场中，数据的获取与处理面临一定的障碍，尤其是数据质量和完整性方面的问题，这些都会影响模型的训练效果与预测准确性。确保数据的高质量与充足性是应用计算智能方法的一个重要前提。计算复杂度也是另一个需要关注的问题，在处理大规模数据集时，计算智能方法需要较长的训练时间，尤其在实时预测场景中，这会影响模型的应用效果。为此，优化算法的实现效率，减少计算资源的消耗，成为提升计算智能方法实用性的关键因素。

在实际应用中，对不同计算智能方法的融合与组合也提出了新的挑战，如何有效整合多种算法，以实现更优的预测效果，仍然是当前研究的热点之一。计算智能方法在电力价格预测中展现出积极的应用效果，为市场参与者提供了强大的决策支持，但其局限性与挑战亦不可忽视。持续探索与优化这些方法，将有助于更好地应对电力市场的复杂性与不确定性，推动电力市场的科学决策和智能化发展。

第四章 电力现货市场的风险预测

第一节 电力市场风险的种类

一、市场价格风险

市场价格风险是指市场供求关系的变化导致电力价格波动的潜在风险,这种风险会对电力市场的各个参与者产生深远影响。电力价格的波动不仅影响发电企业的收益,还影响消费者的电费支出,甚至影响国家的能源政策,准确识别和评估市场价格风险对电力市场的稳定运行至关重要。

1. 市场价格风险的来源与影响

市场价格风险的来源主要包括供需波动、政策变化以及外部环境的变化。供需关系的不稳定是电力市场价格波动的核心因素。在电力需求高峰期,特别是夏季或冬季,气温变化直接影响用电需求,这种需求激增往往会导致电价迅速上升。在需求低迷时期,电力价格出现下滑,导致电力生产商的收益下降,进而影响其运营决策和投资意愿。政策变化对市场价格风险的影响也不容小觑,电力市场受到政府政策和法规的深刻影响,如补贴政策、税收政策及电价监管等,任何政策的变动都可能引起市场预期的改变,此类变化不仅会导致短期内价格的剧烈波动,还会对市场的长期稳定性造成影响。

外部环境的变化，诸如经济波动、国际油价变动、自然灾害等，均可直接或间接引起电力价格的波动。全球经济的起伏、国际市场能源价格的变化以及自然灾害导致的电力供应中断，都会对市场价格形成冲击。这种不确定性使得市场参与者面临更大的价格风险，决策难度也随之增加。

对市场价格风险的理解与分析，尤其需要关注其影响的多维度性。在电力市场中，不同参与者的风险承受能力和应对策略差异显著，发电企业、交易商以及消费者对价格风险的敏感程度和应对能力各不相同。发电企业通过长合同锁定价格，从而降低价格波动带来的风险；而交易商则采用对冲策略来减轻损失；消费者则面临电价波动导致的直接经济影响，尤其是在电费占其支出比例较高的情况下，这种影响更加显著。考虑市场价格风险的复杂性，有必要建立科学的风险评估与管理体系，以确保电力市场的健康稳定运行，这不仅包括对历史数据的分析和预测模型的构建，还需结合实时市场信息，制定灵活的应对策略。对电力市场的有效风险管理能够在一定程度上缓解因价格波动带来的负面影响，提升市场的整体韧性。

2. 市场价格风险的评估方法

市场价格风险的评估通常涉及多种方法与工具，这些方法可以帮助市场参与者量化风险，并制定相应的对策。常用的评估方法包括历史波动率分析、蒙特卡罗模拟、VaR（value-at-risk，在险价值）模型等。

历史波动率分析是最简单的一种方式，通过分析过去一段时间内的价格波动情况，可以初步判断未来价格变动的风险。

蒙特卡罗模拟作为一种强大的随机模拟技术，可以通过大量的随机样本生成未来价格的概率分布，从而有效评估市场价格风险。该方法适用于复杂的市场情境，能够考虑多种不确定因素的交互影响，为决策提供更全面的依据。

VaR 模型作为风险管理中的重要工具，能够帮助市场参与者量化在一定置信水平下可能遭受的最大损失。通过 VaR 的计算，企业可以更好地理解其在不同市场条件下的风险敞口，并制定相应的风险对冲策略。VaR 的应用在电力市场中越来越普遍，帮助市场参与者做出更加科学的决策。

在评估市场价格风险时，考虑市场特性及外部环境变化的影响显得尤为重要，市场参与者应持续关注宏观经济形势、政策动向以及供需变化，这些因素都会对价格波动产生重要影响。定期的风险评估和动态调整策略，能够确保电力市场参与者在面对价格风险时更加从容。电力市场的复杂性和动态性使得市场价格风险的评估与管理成为一项长期且持续的工作，只有建立起完善的风险评估机制，并结合实时数据进行动态调整，才能在市场波动中保持竞争力，确保电力市场的健康稳定发展。

二、电力负荷风险

电力负荷风险是指电力需求的不确定性及变化导致电力系统无法满足用户需求，从而引发一系列经济与社会问题的风险。这种风险不仅会影响电力生产企业的收益，也会导致消费者用电体验的恶化，甚至对整个电力市场的稳定性产生威胁。电力负荷风险的存在使得电力系统在规划与运营时需格外重视负荷预测的准确性，以应对不可预见的需求变化。

1. 电力负荷风险的来源与影响

电力负荷风险的来源主要可以归结为季节性变化、突发事件以及用户行为变化。季节性变化是电力需求波动的主要原因之一，在炎热的夏季，空调的广泛使用会导致用电高峰，而在寒冷的冬季，供暖需求同样会使得电力负荷骤增，这种需求的季节性波动使得电力系统在高峰期面临巨大的供需压力，导致发电不足或电力系统的过载。突发事件亦是电力负荷风险的重要来源，自然灾害、设备故障或突发的经济活动都会对电力负荷产生直接影响。飓风、洪水等自然灾害能够迅速改变一个地区的电力需求和供给状况，进而引发电力短缺或过剩的风险。突发的经济活动，如大型体育赛事或节庆活动，也会导致某一时段内电力需求的急剧增加，给电力系统带来挑战。

用户行为的变化也在不断加剧电力负荷风险。随着智能家居的普及，用户的用电方式变得更加灵活与多样，个体用户的用电习惯因为天气、生活方式等因素发生改变,这种变化的不可预测性使得电力负荷的预测更加复杂。大规模电动汽车的普及,也会在某些时段引起电力需求的激增,增加负荷预测的难度。电力负荷风险的影响深远,会导致电力系统的经济损失、服务质量下降及社会信任度降低。在经济损失方面,发电企业面临由于需求低于预期而造成的收益下降,而在需求超过供应时,则遭遇高额的采购成本。负荷风险还会影响电力市场的价格波动,使得电力交易的不确定性增加。

服务质量的下降则直接体现在用户体验的恶化上,供电不足或频繁停电现象将导致用户的不满,进而影响到电力公司的信誉与市场形象。长期以来,电力负荷风险的存在不仅给企业运营带来压力,也对社会的可持续发展构成挑战。为了有效应对电力负荷风险,建立健全的风险管理体系至关重要,通过综合利用历史数据分析与现代预测技术,能够提高电力负荷的预测准确性,从而在一定程度上降低负荷风险的影响。科学的负荷预测不仅可以帮助电力公司制订合理的发电计划,优化资源配置,还可以增强电力系统对突发事件的应对能力,提高整体运行的安全性和可靠性。

2. 电力负荷风险的评估与管理策略

评估电力负荷风险的过程涉及多种方法,这些方法可以帮助电力公司了解潜在的风险源,并制定相应的管理策略。常见的评估方法包括负荷预测模型、场景分析以及风险指标的设定。负荷预测模型通常结合历史数据与气象因素,通过统计方法或机器学习,预测未来的电力需求。这些模型的准确性在于其能够捕捉到需求变化的趋势与模式。

场景分析则是一种更为动态的评估方式,该方法通过构建不同的负荷场景,分析在各种情况下电力系统的表现。通过对极端天气、设备故障等突发事件的模拟,可以更全面地了解电力系统在不同情况下的风险暴露。这种方法能够帮助电力公司制订有效的应急响应计划,提高系统的韧性与应对能力。

风险指标的设定也是电力负荷风险管理中不可或缺的环节。常见的风险指标包括负荷波动率、预测误差等,这些指标能够量化负荷风险,并为电力公司提供决策支持。定期监测这些指标,有助于及时发现潜在问题并采取纠正措施。管理电力负荷风险的策略应注重灵活性与前瞻性,优化发电调度和提升电网的灵活性均是降低负荷风险的重要手段。建立多元化的能源结构,尤其是引入可再生能源,可以有效减轻对单一能源的依赖,从而降低供需失衡的风险。智能电网的应用,也能提升电力系统的实时监控能力,使得调度决策更加高效和精准。

为了应对未来可能出现的电力负荷风险,电力公司还需加强与用户之间的互动。借助智能计量设备与数据分析技术,实时监测用户的用电情况,通过提供精准的用电建议与需求响应服务,可以有效调整用户的用电行为,缓解高峰时段的负荷压力。电力负荷风险的评估与管理是一个系统工程,涉及多个方面的协调与配合,只有通过建立科学的风险管理体系,结合现代技术手段与合理的策略,才能有效应对电力负荷的变化与不确定性,保障电力市场的稳定运行。

三、政策风险

政策风险是指由政府或相关机构所制定或修改的政策、法规、标准等对电力市场及其参与者造成负面影响的风险。这类风险的存在不仅影响电力企业的运营策略,也对投资决策和市场稳定性产生深远影响。电力市场的政策环境复杂多变,涉及多个层面的管理与调控,理解和应对政策风险显得尤为重要。

1. 政策风险的来源及影响

政策风险的来源主要包括政府的能源政策、环保法规及市场准入政策等。能源政策的调整常常直接影响电力行业的供需关系与价格形成机制。政府对可再生能源的扶持政策以及化石能源的限制措施,会导致电力市场的结构性变化,政策的频繁变动会使得电力企业的长期规划和投资决策面临挑战,从而影响其市场竞争力。环保法规的变化同样会对电力市场造成重大影响。在全球范围内,越来越多的国家和地区开始实施严格的环境保护措施,限制高污染、高排放的能源生产,这种政策导向要求电力企业进行技术改造,增加环保投资,以符合新标准。未能及时适应这些法规的企业将面临罚款、停产或市场份额丧失的风险。

市场准入政策的改变也会影响电力市场的竞争格局,政府对新进入者的监管政策、补贴政策的调整，会导致市场竞争的加剧或放缓。放宽市场准入条件能够吸引更多的竞争者进入，从而导致价格下降与服务质量的提升；反之，限制市场准入则使得市场长期处于垄断或寡头竞争状态，抑制创新与服务提升。政策风险不仅影响电力企业的财务状况，也对电力市场的整体稳定性产生威胁，市场的不确定性增加，导致投资者的信心下降，进而影响资本的流入。资本市场的波动反过来又会影响电力企业的融资成本，形成恶性循环。充分认识政策风险的来源和影响，能够帮助电力企业制定更加科学合理的应对策略。

2. 应对政策风险的策略

应对政策风险的关键在于提高电力企业的灵活性与适应能力，建立健全的政策监测机制，及时了解政策的变化趋势，这些能够为企业的决策提供有力支持。定期开展政策风险评估，分析新政策对企业经营的潜在影响，能够帮助企业制定合理的应对方案。加强与政府和行业协会的沟通及合作也是降低政策风险的重要手段，企业积极参与政策的制定和修改，能够有效反映行业的声音，促使政府在制定政策时考虑行业的实际需求，这种互动关系有助于形成良好的政策环境，降低政策风险对市场的冲击。

在技术方面，提升企业的技术创新能力，有助于企业在政策变化中保持竞争力，特别是在可再生能源和清洁技术领域，保持技术领先能够帮助企业顺应政策变化，抓住市场机遇。增加研发投入，鼓励技术创新，推动生产过程的清洁化，能够有效降低因政策调整带来的风险。建立多元化的投资组合也是应对政策风险的有效策略。在面对政策不确定性的情况下，企业可以考虑分散投资，布局多种能源形式，以降低单一政策变动带来的冲击。这种多元化策略能够使企业在某一领域遭遇政策限制时依靠其他领域的业务来平衡风险，保持整体业务的稳定发展。

风险管理的加强同样不可忽视，通过构建系统的风险管理体系，对政策风险进行识别、评估、监测和应对，能够帮助企业在复杂多变的市场环境中保持稳健运营。实施动态的风险管理，及时调整企业的战略，能够更好地适应外部环境的变化，保障企业的长期发展。政策风险是电力市场中不可忽视的重要因素，只有通过建立有效的应对机制，提升企业的适应能力，才能使企业在政策变化中保持竞争优势，确保可持续发展。

四、自然灾害风险

自然灾害风险是指由于自然灾害的发生，对电力市场及其相关设施造成损害，从而引发的经济损失和市场波动。这类风险不仅影响电力供应的稳定性，还对电力市场的整体运行产生深远影响。在应对自然灾害的过程中，电力企业需要充分认识其潜在影响，从而制定科学的应对策略。

1. 自然灾害对电力市场的影响

自然灾害对电力市场的影响是多方面的，主要表现为供需失衡、设施损毁及经济损失等。在自然灾害发生时，电力供应往往受到直接威胁，诸如地震、洪水、台风等极端天气现象，会导致发电厂停产、输电线路损毁，进而造成供电能力下降。强烈的地震会导致发电机组的损坏，从而无法按照预定负荷发电，造成短期内电力供应不足的情况，进而影响市场的正常运行。在供需失衡的情况下，电力价格的波动通常会加剧。供电不足会导致电力需求过剩，从而推动市场价格上涨，电力企业面临更高的运营成本，同时用户也因价格的波动而增加负担，造成消费者的不满与信任危机。市场的不确定性也会导致投资者对电力市场的信心下降，从而影响未来的投资决策和市场稳定性。

设施损毁也是自然灾害带来的重大问题，电力基础设施一旦受到破坏，恢复工作往往需要耗费大量的人力和物力，这使得电力企业面临巨大的修复成本和时间压力。在这一过程中，供电能力的恢复速度直接关系到电力市场的恢复情况，如果恢复进度缓慢，市场的正常运行将受到进一步影响，导致长期的供需失衡。经济损失是自然灾害风险的重要表现，自然灾害的发生不仅会对电力企业造成直接的经济损失，还会影响相关产业的发展，进而影响整个社会经济的稳定。电力短缺会导致工业生产的停滞，进而影响整个供应链的运行。电力企业需要在灾后评估中全面考虑经济损失，并制定合理的赔偿与补救措施，以减轻对市场的冲击。在应对自然灾害风险时，电力企业应建立完善的风险评估与管理体系，提前识别潜在风险，制定应急预案，以确保在灾害发生时能够迅速反应并有效应对。只有在充分认识自然灾害的影响及其风险特征的基础上，才能有效保障电力市场的稳定与安全。

2. 自然灾害风险的管理策略

有效的自然灾害风险管理策略是电力企业在面对极端天气与自然灾害时保障电力供应的重要措施。建立全面的风险评估体系是至关重要的，这个体系应包括对地震、洪水、台风等自然灾害的科学预测和评估，定期对电力设施进行安全检查，以识别存在的安全隐患。企业应当在评估中引入先进的气象与地理信息系统，以提升对自然灾害的预警能力。应急响应机制的完善也是减少自然灾害风险的关键环节，电力企业需要制定详细的应急预案，主要内容包括自然灾害发生后的迅速反应流程、资源调配及人力部署等。这种机制要求在灾害发生前就进行演练，以提升员工的应变能力和协调能力，确保在危急情况下能够高效开展应急工作。

基础设施的加强和改造也是不可忽视的重要方面。为降低自然灾害对电力供应的影响，企业应对老旧的电力设施进行升级改造，确保其能够承受一定强度的自然灾害；应对输电线路进行加固，提升其抵御风暴与洪水的能力，以降低其在极端天气下的损毁风险。

在灾后恢复过程中，电力企业需要制订详细的恢复计划，以确保在灾害发生后尽快恢复供电。该计划应包括对损毁设施的评估，修复所需的资源与时间的预估，以及对市场反应和用户需求的变化预测，这种恢复计划能够帮助企业在灾后重建过程中更加高效、系统地进行工作，尽量减少对市场的负面影响。通过与政府及相关部门的紧密合作，电力企业可以更好地应对自然灾害风险。政府通常具有丰富的资源和较强的应急能力，可以在自然灾害发生时提供必要的支持和协调。行业内的合作与信息共享能够提高企业应对风险的能力，促进资源的合理配置与利用。自然灾害风险管理需要综合考虑多种因素，建立完善的风险评估与应急机制，提升基础设施的抗灾能力，并在灾后制定科学的恢复方案，以确保电力市场的稳定与安全。

3. 未来自然灾害风险的应对趋势

在应对自然灾害风险的过程中，未来的发展趋势将更加注重科技的应用与管理模式的创新。随着科技的不断进步，数据分析、人工智能及物联网等技术在自然灾害风险管理中的应用将日益普及，这些技术的引入不仅能够提升风险评估的准确性，还能提高应急响应的效率，使得电力企业在面临自然灾害时更加灵活、有效地应对挑战。强化对大数据的利用也将成为自然灾害风险管理的重要趋势。电力企业可借助大数据，收集并分析历史灾害数据、气象数据及供需变化数据，形成精准的风险预测模型。这种数据驱动的决策方法将使企业在面对自然灾害时能够提前做好准备，减少因信息不对称导致的决策失误。

在管理模式上，未来将更加强调多方合作与社会参与。政府、企业及社会组织之间的协作将更加紧密，共同应对自然灾害带来的挑战。电力企业需要主动与相关利益方沟通，分享信息与资源，形成合力，以提升整体应对能力。这种合作模式不仅能够提高应急响应效率，还能够增强社会对自然灾害风险的认知与预警能力。可持续发展理念的引入也将为自然灾害风险管理提供新的思路。电力企业在规划与建设过程中，应充分考虑环境影响与资源的可持续利用，推动绿色电力的发展，以减轻自然灾害对电力供应的影响。这种可持续的做法不仅有助于保护环境，还能增强企业的社会责任感，提高其在市场中的竞争力。

面对自然灾害风险的挑战，电力企业还需加强人才培养与知识积累，建立一支专业化的风险管理团队，定期进行培训与交流，这能够有效提升企业的风险应对能力。在行业内推广先进的管理经验与技术，促进企业之间的相互学习与借鉴，能够进一步提高整个行业的抗风险能力。未来自然灾害风险的应对趋势将是多方协作与科技应用的结合，只有在不断创新与优化的基础上，才能更有效地降低自然灾害对电力市场的影响，确保电力供应的稳定与安全。

第二节 风险评估的常用方法

一、风险评估的基本流程

风险评估是一种系统性的方法,用于识别、分析和评估影响项目或组织目标实现的各种风险。有效的风险评估流程能够帮助企业和组织提前识别潜在风险,从而制定相应的应对策略,以降低损失和影响。

1. 风险识别

风险识别是风险评估的首要步骤,旨在系统地识别和列举影响组织目标的所有潜在风险,这一过程通常包括多个方面的考量,如项目特性、外部环境、内部管理及技术因素等。对于电力行业而言,风险来源包括自然灾害、政策变化、市场波动以及设备故障等,在识别过程中需充分借助专家意见、历史数据和市场调研等,确保风险识别的全面性和准确性。

在具体实施中,团队可运用头脑风暴法、德尔菲法或SWOT分析法等工具(表4-1),以集思广益的方式进行深入探讨。在这一过程中,行业报告、政府公报及相关文献都是重要的信息来源,帮助团队全面了解外部环境对企业的潜在影响。在完成风险识别后,团队需要将识别到的风险进行分类与排序,确定其影响范围和优先级,这对于后续的风险分析至关重要,有助于集中资源优先处理影响最大的风险。

表4-1 电力行业风险识别方法与工具概述

风险识别方法	描述	适用场景	主要优势
头脑风暴法	团队成员自由表达想法,集思广益	适用于多种类型的风险识别	激发创意,覆盖全面的风险因素
德尔菲法	通过多轮匿名调查获取专家意见	适合处理复杂问题或缺乏历史数据的情况	分层次深入讨论,获取专业见解
SWOT分析法	分析内部优势、劣势及外部机会、威胁	综合评估项目的整体环境	清晰呈现风险与机会,促进决策制定

续表

风险识别方法	描述	适用场景	主要优势
环境扫描	分析市场动态、政策变化和社会趋势	用于识别外部影响的潜在风险	了解外部环境变化，及时识别新兴风险
历史数据分析	通过分析过往数据识别潜在风险	适合有足够历史数据的情况	基于数据的分析，提高识别的准确性

2. 风险分析

风险分析阶段的核心目标在于评估识别到的每一个风险的可能性及其潜在影响，这一过程通常涉及定量分析与定性分析的结合。定量分析侧重于使用数据和统计模型进行深入研究，而定性分析则关注专家判断和团队讨论。通过两者的结合，能够更加全面地把握风险的性质和影响程度。

定量分析中，概率模型、统计分布及敏感性分析等工具常被用于评估风险的可能性和后果，可以运用历史数据建立概率模型，预测某种风险事件发生的概率。风险的潜在损失也可以通过经济模型进行评估，从而量化每个风险事件带来的财务影响，通过计算预期损失，能够为决策提供有力的数据支持。

定性分析则主要依赖专家判断与团队的共同讨论，这一过程可以通过风险矩阵将风险的影响程度与发生概率进行交叉分析，以便明确每种风险的优先级。运用风险矩阵时，风险被分为四个等级——高风险、中高风险、中低风险和低风险，根据风险等级的不同，决定后续的处理策略和资源分配。

情景分析也可以作为一种有效的风险分析工具，在这一过程中团队可以设定不同的情景，如最坏情况、最优情况及最可能情况，进而分析在不同情境下风险的变化及其对项目或组织目标的影响。这种方法不仅能够提供更全面的风险视角，还能够帮助团队制定更具灵活性的应对策略。在完成风险分析后，形成的分析报告将为后续的风险评价提供重要依据，帮助管理层了解风险的整体情况及其潜在影响，从而使其做出科学的决策。

3. 风险评价

风险评价是风险评估的最后一步，主要用于对分析结果进行综合判断，以确定哪些风险需要进一步管理与控制。在这一阶段，需根据企业的风险承受能力和管理目标，对各类风险进行优先级排序。通常情况下，企业会设定一个可接受风险标准，即在该标准之下的风险被视为可接受的，而超过这个标准的风险则需要采取相应措施进行控制。在风险评价过程中，风险矩阵常常被用于对不同风险进行可视化分析，以便快速识别需要优先处理的高风险项目。对于高风险的项目，管理层需特别关注其造成的影响，并考虑制定相应的控制措施；而对于低风险的项目，则可以适当减少资源投入，以确保管理效率最大化。

对于风险评价，还应考虑风险之间的相互关系，某些风险相互影响会导致复合风险，因此在制定管理策略时，需全面考量这些复杂的关系。系统动力学模型和网络分析法等工具可用于分析风险之间的相互作用，帮助企业全面理解风险的性质。

完成风险评价后，形成的评估报告将为企业制定的风险管理策略提供重要依据，确保管理层能够清晰了解各类风险的优先级及其管理的必要性。有效的风险评价不仅能够提高企业对风险的敏感度，还能为后续风险应对措施的制定提供有力支持。在风险评估流程的每个环节，团队的专业知识和经验都至关重要，这能确保风险评估的科学性与合理性，能够为企业的决策提供坚实的基础。随着市场环境的不断变化，风险评估流程也应不断优化与调整，以应对新形势带来的挑战。

二、风险评估的定性方法

定性风险评估方法作为一种重要的风险分析工具，在应对复杂风险环境时发挥着不可或缺的作用。这些方法不仅能够为企业提供对潜在风险的深入理解，还能够在数据缺乏的情况下，帮助团队依靠专业知识和经验进行有效决策，通过分析风险的性质、来源和影响，这些定性方法为后续的定量评估奠定了基础。

1. 德尔菲法

德尔菲法是一种被广泛应用的定性风险评估工具，以匿名问卷调查的形式收集专家意见,并通过多轮反馈逐步达成共识。这种方法的核心在于,能够集思广益,确保各方意见被充分考虑,减少个人偏见对结果的影响。在电力行业中,德尔菲法可以有效识别和评估各类风险,如政策风险、市场波动及设备故障等。实施德尔菲法时,需要选定一组相关领域的专家,确保其在特定风险领域具有足够的知识和经验。专家们会被要求独立填写问卷,列出他们认为重要的风险因素及其影响程度。在收集到足够的反馈后,组织者会将结果汇总,并向专家们展示汇总数据,以便他们在后续轮次中进行重新评估和修正。

这个过程通常会进行三轮或更多轮问卷调查,每一轮的反馈都会引导专家对某些风险因素进行重新思考。通过这样的方式,德尔菲法不仅促进了不同专家之间的交流,还增强了结果的可靠性。团队能够得到一份反映专家共识的风险评估报告,作为后续决策的重要依据。德尔菲法的优势在于其灵活性和适应性,尤其适合在快速变化的环境中使用。在面对难以量化的风险因素时,专家的主观判断能够为风险识别提供重要线索。该方法也存在局限,主要体现在结果依赖专家的专业水平,若专家选择不当,会导致评估结果出现偏差。

2. 情景分析

情景分析是一种系统性的方法,用于评估不同假设条件下风险造成的影响,这种方法不仅能够帮助企业预测风险,还能为决策者提供多种应对方案,从而提高整体管理水平。在电力市场等动态环境中,情景分析尤为重要,因为不同的外部因素会导致截然不同的风险结果。在实施情景分析时,首先要明确关键变量,这些变量通常包括市场需求、政策变动、技术创新及自然灾害等,然后将这些变量进行分类,建立不同的情景,可以设定最优情景、最坏情景和最可能情景,分析在每种情况下风险的性质及其影响。

在每种情景下,团队需要评估各类风险的发生概率及其潜在损失。这种评估过程不仅需要运用历史数据进行分析,还需结合专家意见,形成对风险的全面认识,结果可以用图表形式呈现,使风险影响的可视化更加直观,从而便于决策者理解。情景分析的优势在于其能够捕捉不确定性,并为未来的风险提供多维度的视角。通过不同情景的设定,企业能够制定灵活的应对策略,以便在面临各种变化时能迅速调整。应用情景分析时也需警惕,若未能准确识别关键变量或设定的情景不够合理,最终结果则无法反映真实情况。

3. 故障树分析(FTA)

故障树分析是一种自下而上的分析工具,旨在识别系统中导致特定不良事件的潜在故障。这种方法的主要优点在于其系统性和逻辑性,能够清晰地描绘出导致风险发生的各种因素及其相互关系。在电力行业中,故障树分析常被用于评估设备故障、系统失效等风险。在应用故障树分析时,首先要明确研究的目标事件,即希望评估的特定故障或风险,通过逻辑图形表示法,分析导致该事件发生的各种原因。通常采用"与门"和"或门"符号表示各类故障之间的关系,这种图形化的方法可以帮助团队直观理解风险的来源和影响因素。

一旦建立起故障树,接下来需要进行定量分析,计算每个故障事件发生的概率,以便评估目标事件发生的概率。这一过程通常需结合历史数据和经验分析,以确保结果的科学性和准确性。通过计算,团队能够识别出关键故障点,并制定相应的预防措施,以降低整体风险。

故障树分析的优势在于其系统性和全面性,能够提供详细的故障来源和影响链。应用该方法时也需注意,若在分析过程中未能充分考虑所有的故障,会导致关键风险因素的遗漏,从而影响评估结果的可靠性。定性风险评估方法为企业提供了一种有效的风险识别与分析手段,尤其适用于数据不足或复杂性高的环境。每种方法均有其独特的优势和局限,灵活运用这些方法能够提高风险管理的有效性,帮助企业在变化莫测的市场环境中稳健前行。

三、风险评估的定量方法

定量风险评估方法作为风险管理的重要组成部分,通过数学和统计模型对风险进行测量与分析。这些方法利用历史数据、概率模型及数学工具,为决策提供基于数据的支持。定量评估不仅增强了分析的科学性,还能够揭示风险在不同情境下的潜在影响,帮助企业在不确定性中做出更明智的决策。

1. 概率分布分析

概率分布分析在定量风险评估中占据重要地位，主要用于描述和预测风险事件的发生概率和影响程度。这种方法基于历史数据，采用不同的概率分布模型，如正态分布、对数正态分布、指数分布等，来拟合风险因素的变化特征。通过分析这些分布，团队能够识别出风险事件的可能性，并量化其潜在损失。在进行概率分布分析时，收集与风险相关的历史数据，可确保数据的准确性和完整性。数据收集完成后，运用统计工具对数据进行分析，判断其分布特征。基于数据的分布情况，选择适当的概率模型进行拟合，进而计算出相关的概率指标，如均值、标准差及置信区间。

概率分布的分析结果可以为风险管理提供重要的指导，决策者能够据此了解潜在风险的严重性与发生概率。这种方法的优点在于其基于数据驱动，分析结果具有较高的客观性。依赖历史数据的特性使得该方法在数据缺乏或不可靠时，会导致评估结果出现偏差，因此要结合定性分析的方法，才能够有效提高风险评估的全面性和准确性。

2. 敏感性分析

敏感性分析是一种用于评估风险因素对决策结果影响程度的重要工具，主要通过改变关键变量的值，观察其对结果的影响，从而识别出最敏感的因素。在电力行业中，该方法能够帮助企业识别影响成本、收益和风险的重要因素，从而优化资源配置，降低风险。在进行敏感性分析时，首先要确定分析的决策模型，并识别出关键变量，这些变量通常包括市场价格、需求量及生产成本等，然后对每个关键变量进行适度的调整，观察这些调整如何影响模型输出，可以将某一变量增加或减少一定比例，以评估其对最终结果的影响程度。

分析的结果通常以图形方式呈现，敏感性图表可以直观展示不同变量对结果的影响程度。这一过程不仅能够帮助团队明确最关键的风险因素，还能够为制定应对策略提供依据。若某个变量的变化对收益影响显著，则企业需要在该变量上采取更为谨慎的管理措施。敏感性分析的优势在于其简单易懂，能够快速识别影响决策的关键因素。若模型设定不合理或未能考虑所有相关变量，则分析结果会出现偏差。在实施敏感性分析时，确保模型的科学性及全面性是至关重要的。

3. 蒙特卡罗模拟

蒙特卡罗模拟是一种强大的定量分析工具，通过反复随机抽样，对复杂系统进行模拟和分析，从而评估风险的分布和影响。这种方法特别适用于风险因素之间相互依赖性较强的情境，能够帮助企业在不确定性环境中制定更为合理的决策。在应用蒙特卡罗模拟时，需要建立一个数学模型，该模型应涵盖所有关键变量及其相互关系，对每个变量设定概率分布，确保能够反映出其潜在的波动性，通过计算机生成大量随机样本，模拟各类风险事件的结果。

每次模拟后，都会得到一组结果，这些结果形成的概率分布能够清晰地展示出不同情境下的风险情况。决策者可以根据模拟结果，评估风险的总体影响以及发生的概率，从而制定相应的应对措施。这种方法的灵活性使得它适用于多种复杂的风险情境，能够提供更为全面的风险视角。蒙特卡罗模拟的优点在于其强大的计算能力和灵活性，能够处理多种变量间的复杂关系，但若模型设定不当或参数选择不合理，则会导致模拟结果失真。在实施蒙特卡罗模拟时，确保模型的准确性和参数的合理性是成功的关键。

定量风险评估方法在复杂的风险环境中具有重要的应用价值，通过概率分布分析、敏感性分析及蒙特卡罗模拟等工具，企业能够更准确地识别、分析和应对潜在风险。这些方法的结合使用，能够有效提高风险管理的科学性和有效性，为决策提供有力支持。

四、风险评估模型的选择

风险评估模型的选择在风险管理过程中至关重要，合适的模型不仅能够提高风险分析的准确性，还能够为决策提供有效支持。不同类型的风险特征以及所需的分析深度，都会影响模型的选取。合理的模型选择能够确保在面对复杂风险时，分析的结果更具可操作性与指导性。

1. 经典统计模型

经典统计模型在风险评估中应用广泛，其基本原理源于传统的统计学方法，依靠历史数据进行分析，能够为风险评估提供量化基础。最常用的经典统计模型包括线性回归、时间序列分析等，这些模型通过对历史数据的回归分析，识别出变量之间的关系，从而预测未来的风险情况。

在具体应用过程中，线性回归模型适合用于分析因果关系较为明确的场景，通过建立自变量与因变量之间的线性关系，能够较为准确地估计出风险的影响因素及其程度。在电力行业中，市场价格与电力需求之间的关系可以通过线性回归模型进行量化分析。时间序列分析主要用于处理时间序列数据，能够捕捉数据随时间变化的趋势和季节性，该模型的有效性在于能够基于历史趋势预测未来风险变化。经典统计模型的优势在于方法简单、易于实现，且结果易于解释。这类模型也存在局限性，若数据不满足正态分布的假设，或者存在多重共线性等问题，会导致模型的预测效果大打折扣。在选择经典统计模型时，需确保数据的适用性与可靠性。

2. 机器学习模型

机器学习模型在风险评估中的应用逐渐受到重视，其强大的数据处理能力与非线性建模能力，使其能够适应复杂的风险环境。常见的机器学习模型包括决策树、支持向量机和神经网络等，这些模型不仅可以处理大规模数据，还能从中自动提取特征，实现更为精确的风险预测。决策树模型是一种直观易懂的分类与回归工具，通过对特征进行切分，形成树状结构，使得每个节点都能代表一个决策点，这种模型能够有效处理非线性关系，并适合处理混合型数据。在风险评估中，决策树模型能够迅速识别出关键风险因素，为决策提供依据。

支持向量机（SVM）以其优良的分类能力而闻名，尤其在高维数据中表现出色。其核心思想在于寻找最佳超平面，将不同类别的样本分开。在风险评估中，SVM能够有效区分不同风险等级，为企业提供更为精准的风险分类与预测。神经网络模型凭借其多层结构，能够拟合复杂的非线性关系，通过调整权重与偏差，神经网络能够学习到数据中的隐含模式，从而对未来风险进行预测。尤其是在涉及大量数据的场景下，神经网络模型展现出强大的潜力。虽然机器学习模型在风险评估中展现出诸多优势，但其对数据量的需求较高，同时模型的复杂性也导致结果难以解释。在应用机器学习模型时，需要结合领域知识与经验，以确保结果的合理性与可操作性。

风险评估模型的选择必须依据具体的风险特征、数据类型及分析需求。经典统计模型与机器学习模型各具优势，合理结合两者的优点，能够有效提升风险评估的质量。选择合适的模型后，持续进行模型验证与优化，确保分析结果的可靠性与准确性，这将有助于企业在动态风险环境中做出更为明智的决策。

第三节　计算机技术在风险评估中的应用

一、大数据在风险评估中的作用

计算机技术在风险评估中的应用日益广泛，尤其是大数据的引入，为风险管理带来了新的视角和方法。大数据的分析能力不仅可以处理海量信息，还能从中提取有价值的信息，为企业和组织提供全面的风险评估支持。准确的风险评估依赖数据的质量与分析的深度，大数据在此领域扮演着至关重要的角色。

1. 大数据

大数据的兴起为风险评估提供了强大的数据支撑与分析工具，能够实时处理和分析大量信息，帮助组织识别潜在的风险源。传统的风险评估方法往往依赖历史数据和简单的统计分析，这种方式容易导致信息的滞后与偏差。而大数据能够整合来自不同渠道的信息，包括社交媒体、市场动态、传感器数据等，从而实现对风险因素的全面监控。不同大数据的特点与优势见表4-2。

表 4-2　不同大数据的特点与优势

技术	特点	优势
数据整合	整合多种数据源（社交媒体、市场数据等）	提供全面的风险监控
实时分析	能够快速处理和分析实时数据	快速响应市场变化与突发事件
机器学习	自动识别数据模式与规律	提高风险识别准确性，制定前瞻性管理策略
数据挖掘	从大数据中提取有价值的信息	识别潜在风险与趋势

数据的多样性使得风险评估更为全面，在以往的风险管理中往往仅依赖财务数据或特定行业的数据进行评估，容易忽视其他重要的影响因素。而大数据能够将多个维度的数据整合，识别潜在风险与趋势。消费者行为数据、气象数据及供应链数据等的结合，能够为企业提供更为准确的风险预测，帮助其及时调整策略。

实时数据分析能力的提升大幅度提高了风险应对的灵活性。通过运用大数据分析工具，企业能够快速获取实时数据，并及时做出反应。面对突发的市场变化或自然灾害，实时分析能够确保决策者掌握第一手信息，进而制定相应的应对措施，减少潜在损失。

机器学习与数据挖掘的结合，使得大数据的应用更加深入。通过对历史数据的学习，机器学习模型能够自动识别数据中的模式与规律，从而预测未来的风险情况，这一过程不仅提高了风险识别的准确性，也为企业提供了更具前瞻性的风险管理策略。机器学习算法的不断优化使得风险评估能够适应快速变化的市场环境，帮助企业保持竞争力。

大数据的应用并非没有挑战，数据隐私与安全性问题愈发突出，企业在使用大量个人和敏感数据时，必须遵循相关的法律法规，确保信息的合法使用。数据的质量与准确性也至关重要，错误或不完整的数据将直接影响风险评估的结果，所以建立健全的数据管理体系显得尤为重要，应确保数据的可靠性与有效性。

大数据在风险评估中的应用具有显著的优势，其不仅提供了多维度的信息源，还能够实时分析与响应，提升了风险管理的效率与准确性。在信息爆炸的时代，利用大数据进行风险评估，将为企业的可持续发展提供强有力的支持。企业在面对复杂多变的市场环境时，必须重视大数据的应用，以提高风险管理能力，确保自身安全与发展。

2. 数据分析工具与技术的整合

数据分析工具的多样性与整合性在风险评估中同样发挥着重要作用，各类分析软件与技术的结合，能够进一步提升风险管理的效率与效果。现代数据分析工具包括数据挖掘、统计分析、可视化工具等，能够为风险评估提供多层次的支持。在应用这些工具时，需关注其特性与适用场景，以达到最佳效果。

在风险评估中，数据挖掘可以从海量数据中提取出潜在的风险信息，该技术利用算法识别数据中的模式，能够发现人们未曾注意到的风险因素。在金融行业，数据挖掘可以揭示交易行为中的异常模式，从而提前识别欺诈行为或市场操纵。数据挖掘工具还能够进行聚类分析，将相似的风险因素进行分组，帮助决策者更加清晰地理解不同风险之间的关系。

统计分析工具则在风险评估中提供了严谨的数学基础，这些工具能够对历史数据进行回归分析、方差分析等，从而量化风险的程度与影响。使用回归分析可以探讨某个因素对风险结果的影响程度，从而为后续决策提供依据。统计分析工具的可靠性与准确性，能够为风险评估提供坚实的基础，使得评估结果更具科学性。可视化工具在风险评估中同样不可忽视，其直观的图形展示能够有效传达复杂数据背后的信息。通过数据可视化，决策者能够更快速地理解风险状况，发现潜在的风险趋势。这些工具将数据以图表、地图等形式呈现，使得信息传递更加高效，尤其是在需要快速决策的情况下，数据可视化能够大幅提升决策速度。

在整合这些数据分析工具时，组织需要关注不同工具之间的兼容性与协作性，利用数据接口与 API 实现不同系统之间的数据共享与协同分析，从而构建一个全面的风险评估体系。人员技能培训与技术支持同样重要，确保团队能够充分发挥各种工具的优势，提升风险管理能力。数据分析工具与技术的整合在风险评估中发挥着关键作用，它们不仅提高了数据处理的效率与准确性，还能够帮助决策者更加全面地理解风险情况。面对复杂的风险环境，合理运用多种分析工具与技术，将为企业的风险管理提供强有力的支持。确保风险评估的科学性与有效性是企业在竞争中立于不败之地的重要保障。

二、机器学习在风险评估中的应用

机器学习在风险评估中的应用逐渐成为一种趋势，能够有效提高风险识别和管理的效率。随着数据量的不断增加，传统的风险评估方法显得力不从心，机器学习提供了新的解决方案，通过算法的学习能力从数据中提取规律和模式，使风险评估过程更加精准和高效。

1. 监督学习在风险评估中的应用

监督学习是一种常用的机器学习方法，其在风险评估中的应用范围广泛，主要通过训练模型来预测特定事件的发生概率。此方法依赖标注数据集，通过对历史数据进行分析，从中学习输入特征与输出结果之间的关系，进而为新数据做出相应的预测。在金融行业中，监督学习被广泛应用于信用评分模型的构建，利用贷款申请者的历史还款记录、收入状况等信息，判断其未来的违约风险，这一过程不仅提高了信贷决策的效率，还降低了潜在的金融损失。监督学习在保险业的风险评估中同样发挥了重要作用。利用历史索赔数据，模型能够识别出高风险客户的特征，从而制定更为精准的保险政策。这种数据驱动的方法能够使保险公司在承保时更具依据，同时能帮助公司在索赔审核时做出更为科学的决策。随着数据量的不断增长，监督学习的算法也在不断优化，使得风险预测的准确性持续提升。

在零售行业，监督学习技术被用于分析消费者行为与购买模式，以识别潜在的风险。这种方法不仅限于预测销售额，还可以分析产品在特定市场环境下的表现，从而识别导致库存积压的风险因素。借助监督学习，零售商能够在产品上架之前，提前预测市场反应，并据此调整营销策略和存货管理，降低运营风险。尽管监督学习在风险评估中展现出显著的优势，但数据质量问题仍然是其一大挑战。模型的准确性依赖数据的充分性与代表性，若数据存在缺失或偏差，会导致错误的风险评估结果。在数据收集与整理过程中，必须确保数据的完整性和准确性，以提升模型的可靠性。模型的训练与验证过程也需要投入足够的资源，以确保其在实际应用中的有效性。

2. 无监督学习在风险评估中的应用

无监督学习作为机器学习的另一种重要方法，主要用于数据模式的发现与特征提取，在风险评估中发挥着独特的作用。与监督学习不同，无监督学习无须依赖标注数据，其目标在于从未标注的数据中识别潜在的结构和规律，适用于对复杂数据进行深入分析。在金融风险管理中，无监督学习能够识别出隐藏的风险因素和客户群体特征，帮助机构更好地理解市场动态。

聚类分析是一种常用的无监督学习技术，能够将客户或交易行为进行分类，从而识别出潜在的高风险客户群体。这种方法通过对客户行为特征进行相似性分析，将具有相似行为特征的客户归类，从而揭示出他们面临的共同风险。在银行业务中，聚类分析可以帮助金融机构识别出高风险客户，从而采取相应的措施进行风险控制，如提高信用审查的严格程度或调整贷款额度。异常检测作为无监督学习的一部分，对于识别潜在的欺诈行为至关重要。通过分析正常交易数据，无监督学习算法能够建立正常行为的模型，并实时监控交易数据，从而自动检测出偏离正常模式的异常交易。这种方法在信用卡交易、保险理赔等领域得到了广泛应用，能够有效降低欺诈行为给企业带来的损失。

无监督学习在风险评估中的应用也面临一些挑战。由于缺乏标注数据，模型的训练与评估过程相对复杂，结果的解释性较低。在一些情况下，识别出的模式并不具有实际意义，因此需要结合专家知识进行深入分析，以确保风险评估的准确性和可操作性。数据的质量与特征选择也会对模型的效果产生显著影响，需谨慎对待。

机器学习在风险评估中的应用，尤其是监督学习与无监督学习的结合，能够显著提高风险识别与管理的效率。通过数据驱动的方法，企业能够更加精准地识别潜在风险，从而采取相应的措施进行应对，为其长期发展提供保障。随着技术的不断进步，机器学习在风险评估中的作用将愈加重要，推动各行业的数字化转型与智能化发展。

三、风险评估模型的优化

在风险评估领域，模型的优化对于提高评估的准确性和有效性至关重要。随着数据的增加与复杂性的提升，现有的风险评估模型面临着不断变化的市场环境和潜在风险，优化模型能够提升其适应性与预测能力。有效的模型优化不仅涉及算法的调整，还包括数据预处理、特征选择以及模型评估等多个方面。将这些因素整合在一起，能够在复杂的环境中构建出更为稳健的风险评估框架。

1. 数据预处理的优化策略

在风险评估模型的优化过程中，数据预处理是首要步骤。数据的质量会直接影响模型的效果，缺失值的处理方法应当依据具体情况而进行选择，常见的策略包括均值插补、中位数插补或使用先进的插补算法，如 KNN 等。对缺失值的妥善处理，能够在一定程度上提升模型的稳定性与可靠性。数据的标准化与归一化同样重要，确保特征在同一量纲下进行比较，有助于提高算法的收敛速度与预测准确性。

特征选择在风险评估模型中也占有重要地位，特征过多会导致模型的复杂性增加，甚至引发过拟合问题。利用 LASSO 回归、随机森林的重要性评分或主成分分析等方法，可以有效地进行特征选择，这些技术不仅能够帮助识别出对风险评估最有影响力的变量，还能够简化模型，使其更具可解释性。优化后的特征集通常能提升模型的泛化能力，使得模型在面对新数据时依然能够保持较好的预测性能。在数据预处理的过程中，异常值的检测与处理同样是不可忽视的环节。异常值往往会对模型的训练产生负面影响，采用统计方法如 Z-score 或 IQR 法等，可以有效识别并处理这些异常值，从而提高模型的健壮性。数据预处理阶段的优化为后续建模过程奠定了坚实的基础。

2. 算法与模型选择的优化

在风险评估模型的构建中,算法的选择与调整是关键因素之一,不同的算法在处理数据时表现出的优劣势各异,根据具体的风险评估需求选择合适的算法至关重要。常用的算法包括线性回归、决策树、随机森林、支持向量机及深度学习等,在选择模型时应充分考虑数据的特征、规模及复杂性,以便选出最适合的模型进行风险评估。模型调优是优化过程中的重要环节,涉及超参数的调整。通过网格搜索或随机搜索等技术,可以系统地调整超参数,从而找到最佳组合。超参数的选择对模型的性能有显著影响,不同的超参数组合导致模型在训练集和测试集上的表现差异显著,务必重视调优过程中的交叉验证,以确保所选模型在未知数据上的预测准确性。

集成学习方法也可作为优化模型的重要手段,结合多个模型的预测结果往往能提升整体性能。常见的集成学习方法包括 Bagging 和 Boosting 等,利用这些技术能够减小模型的方差,提高预测的准确性和稳定性。通过结合多个弱模型构建一个强模型,集成学习方法在复杂的风险评估问题中可以展现出强大的能力。在模型的评估过程中,需制定合适的评估指标,如均方根误差(RMSE)、均方误差(MSE)及准确率等,以便于对模型进行全面评价。不断迭代与改进模型,有助于在动态环境中实现持续优化,确保风险评估的高效性与科学性。

3. 模型验证与反馈机制

模型验证与反馈机制在风险评估模型的优化过程中扮演着重要角色,通过构建验证集与测试集,能够对模型的预测效果进行评估,确保模型的泛化能力。利用历史数据进行回测,能够检验模型在不同市场条件下的表现,进一步增强模型的适应性。反馈机制的建立至关重要,能够为模型的持续优化提供支持。在实际应用中,风险评估模型的结果应当与实际情况进行对比分析,根据偏差及时调整模型参数或结构,这一过程形成了闭环反馈,有助于不断提升模型的预测精度与可靠性。用户反馈也可为模型的改进提供重要信息,帮助识别模型中的潜在缺陷或不足之处。

技术的迅速发展促使风险评估领域不断演变,模型优化的过程也需与时俱进。

新兴技术如深度学习、强化学习等逐渐渗透至风险评估中,为模型优化提供了新的思路与方法。利用这些先进技术,能够在数据分析与风险预测的过程中实现更为精准的评估与决策。风险评估模型的优化是一个系统而复杂的过程,涵盖数据预处理、算法选择、模型调优及验证等多个环节。优化后的模型不仅能够更准确地识别潜在风险,还能在面对复杂环境时展现出更强的适应能力与灵活性。

四、计算机技术在风险预测中的优势

随着信息技术的快速发展,计算机技术逐渐成为风险预测中不可或缺的工具。现代风险管理要求对大量复杂数据进行实时分析与处理,计算机技术强大的计算能力与高效算法能够显著提升风险预测的准确性和效率。通过大数据分析、机器学习等先进技术,企业能够及时识别潜在风险,制定合理的应对策略,从而增强整体抗风险能力。这一过程不仅提升了决策的科学性,还为风险管理提供了新的视角。

1. 数据处理能力的提升

在风险预测领域,数据的获取与处理是基础环节,传统手段往往难以应对海量数据的分析需求,而计算机技术的发展极大地提升了数据处理能力。现代计算机系统能够同时处理大量数据,通过并行计算与分布式系统,显著缩短了数据处理时间。这种能力使得企业能够实时获取市场动态、用户行为等信息,从而为风险预测提供更加准确的依据。

对于复杂的数据类型,如非结构化数据和时序数据,计算机技术同样展现出优越性。利用自然语言处理技术,可以对文本数据进行有效分析,提取出潜在的风险信息。图像识别技术也能对图像和视频数据进行处理,识别出影响风险的因素。此类技术的应用,不仅拓宽了数据分析的范围,也增强了风险预测的全面性。数据清洗与预处理是风险预测中至关重要的步骤,计算机技术的应用能够有效减少人工干预,提高数据质量。自动化的数据清洗工具能够快速识别和修正数据中的错误,使得后续的分析更具准确性。通过这些手段,风险预测模型在面对真实世界中的复杂数据时，能够展现出更高的可靠性。

2. 智能算法的应用

在风险预测中，智能算法的应用为传统预测方法带来了革命性的变化。机器学习与深度学习的引入，使得模型能够从历史数据中学习并提取出有价值的信息。这一过程不仅提升了风险预测的准确性，还能够捕捉到数据中的非线性关系，帮助识别潜在风险。监督学习与无监督学习的结合为风险预测提供了多种解决方案。监督学习能够利用标注数据进行模型训练，从而提高预测的精度。而无监督学习则适用于数据标注不足的场景，通过对数据进行聚类分析，发掘潜在的风险模式。结合这两种学习方式，模型能够更加全面地分析数据，发现隐藏在数据背后的风险。

算法的优化同样不可忽视，随着计算能力的提升，各类算法的执行效率得以提高。采用交叉验证与超参数调整技术，能够不断优化模型的性能，使其在不同的风险场景中保持稳定的表现。集成学习方法，如随机森林和梯度提升树，能够综合多个模型的预测结果，进一步提高风险预测的可靠性。智能算法不仅能够提高预测的准确性，还能够在短时间内分析大量数据，满足企业在动态市场环境中快速反应的需求。随着算法的不断演进，风险预测的效果将愈发显著，助力企业在不确定性中把握机会。

3. 实时监控与决策支持

计算机技术在实时监控与决策支持方面的应用，为风险预测提供了强有力的保障。通过建立实时数据监控系统，企业能够及时跟踪市场变化、用户行为及潜在风险，当监测到异常情况时，系统能够迅速发出预警，为决策者提供必要的信息支持。

实时数据分析与可视化技术的结合，使得复杂数据的解读变得更加直观，利用数据可视化工具，可以将风险预测结果以图表形式呈现，便于决策者理解潜在风险。这种直观的表现方式，不仅提高了信息传递的效率，还能够促使相关部门及时采取行动，防范潜在的风险。决策支持系统的引入，使得风险预测结果能够与企业的战略决策紧密结合。基于预测结果，企业可以制定有针对性的应对措施，优化资源配置，提高抗风险能力。这些系统能够根据历史数据与实时数据进行智能分析，自动生成决策建议，降低决策过程中的人为错误。

随着技术的进步，实时监控与决策支持将愈加智能化。集成化的风险管理平台能够整合各类数据，形成统一的决策支持环境，为企业在复杂的市场环境中提供全方位的保障。通过这种方式，风险预测不仅停留在理论层面，更成为企业日常运营的重要组成部分。计算机技术在风险预测中的优势体现在数据处理能力的提升、智能算法的应用以及实时监控与决策支持等多个方面，这些技术的结合不仅提高了风险预测的准确性和效率，还为企业提供了科学决策的基础，增强了其在不确定性环境中的竞争力。

第四节　风险预测的分析

一、基于计算机技术的风险预测

随着全球经济环境的不断变化，风险预测的准确性和及时性愈发显得重要。基于计算机技术的风险预测能够有效整合和分析大量数据，提升决策的科学性和灵活性。利用先进的算法和强大的计算能力，企业在面对各种不确定因素时能够更加从容应对。这种技术的应用不仅增强了风险管理的效果，还推动了企业在复杂环境中的可持续发展。

1. **数据整合与分析能力**

风险预测的核心在于对数据的整合与分析，而现代计算机技术提供了高效的解决方案。大数据的应用使得企业能够从多种渠道收集信息，包括市场动态、用户反馈和历史数据等。通过构建统一的数据平台，这些数据可以被高效整合，消除信息孤岛，实现全面的数据共享与交互，这一过程不仅提高了数据的可用性，也为风险预测提供了更加丰富的基础。在数据分析方面，计算机技术的优势显而易见。利用机器学习和数据挖掘技术，可以深入分析历史数据中的潜在模式，识别影响风险的关键因素，这种基于数据驱动的方法，使得风险预测从定性判断转向定量分析，从而提升了预测结果的可靠性。复杂的统计模型与算法，如回归分析、时间序列分析等，可以对数据进行精准建模，识别趋势和周期性波动。实时数据处理技术的引入，使得企业能够在瞬息万变的市场环境中迅速获取信息，这种能力对于风险预测至关重要。监控系统可以实时跟踪关键指标，并在出现异常情况时及时发出预警，帮助企业做出快速反应，这种实时性不仅提高了预测的准确度，也降低了潜在风险带来的损失。不同数据整合方法见表4-3。

表4-3 不同数据整合方法

方法	描述	优势
数据仓库	集中存储不同来源的数据	提高数据的可访问性与一致性
ETL（提取、转换、加载）	将数据从多个源提取，进行清洗与转换后加载到目标系统	确保数据质量与可用性
API集成	通过API获取外部数据	实现实时数据流与动态更新

2. 智能算法的应用与优化

在风险预测中，智能算法发挥着关键作用，机器学习、深度学习等技术的引入，使得模型能够从历史数据中学习并不断优化。当输入新的数据时，模型能够动态调整参数，提升预测的准确性。利用监督学习算法，风险预测模型能够通过已有标注数据进行训练，从而识别出影响风险的主要变量。与传统方法相比，智能算法在处理非线性关系和高维数据时展现出更强的能力。

集成学习方法在风险预测中逐渐成为主流，这种方法结合多个模型的预测结果，能够显著提高整体预测性能。随机森林和梯度提升树等算法通过整合不同基础模型的输出，可以有效减少过拟合，提高模型的稳定性。多模型融合的策略，允许企业在不同风险情境下灵活应用不同的模型，以实现最佳的预测效果。优化算法同样对风险预测具有重要意义，采用遗传算法、粒子群优化等技术，可以在大量参数中寻找最优解。这些算法通过模拟自然选择过程，能够有效探索解空间，发现最佳参数组合，从而提升风险预测模型的性能。经过优化后的模型，不仅能够在历史数据中展现出更高的预测准确性，还能够在实时数据流中保持良好的适应性。

3. 决策支持与可视化技术

风险预测的最终目标在于为决策提供支持，而计算机技术的应用使得这一目标得以实现。决策支持系统集成了数据分析、模型预测和可视化技术，使得复杂的数据结果以直观的形式展现。决策者可以根据可视化图表迅速理解风险状况，从而做出更为科学的决策。这种技术的应用，大大提升了信息传递的效率，降低了决策过程中的不确定性。实时监控与预警系统的建立，使得企业能够随时掌握风险动态，这一系统通过数据可视化技术，将关键指标的变化以图表形式呈现，便于决策者直观理解。当系统识别到潜在风险时，可以及时向相关人员发出警报，促使企业迅速采取应对措施，这种快速反应机制对于减少损失、维护企业稳定运营至关重要。

在综合决策支持系统中，机器学习算法能够为决策提供智能化建议。基于历史数据和实时数据的分析，这些系统可以自动生成应对策略，为管理层提供决策参考。智能推荐系统在风险预测中的应用，可帮助企业在面对复杂情况时获得更多的决策依据。这种基于数据的智能决策，使得企业在不确定的市场环境中更具竞争力。基于计算机技术的风险预测不仅提升了数据整合与分析能力，还增强了智能算法的应用与优化。这些技术的融合，为企业提供了高效的决策支持和可视化解决方案，确保企业能够在复杂的市场环境中保持灵活应对的能力。随着技术的不断进步，风险预测的准确性与效率将进一步提高，为企业的可持续发展奠定坚实基础。

二、风险预测模型的效果对比

各类模型的应用使得企业能够在面对复杂市场条件时，采取更加科学和合理的应对措施，通过对不同模型效果的对比，可以更好地理解其在风险管理中的作用及优势。这一过程为企业优化风险管理策略提供了重要依据，促进了资源的高效配置和风险的有效控制。

1. 经典统计模型的效果

经典统计模型在风险预测中扮演着重要角色，这类模型通常基于历史数据进行推导，利用统计学方法识别和量化风险因素。回归分析作为最常用的统计方法，能够有效评估各变量之间的关系。通过建立线性或非线性回归模型，企业可以揭示影响风险的关键因素并进行趋势预测。传统的回归模型存在一定的局限性，尤其是在面对非线性关系和复杂数据结构时，其预测能力不足。

在许多情况下，经典统计模型无法处理大规模高维数据，限制了其应用范围。ARIMA 模型在时间序列预测中应用广泛，但当数据中包含多个相关变量时，模型的复杂度和准确度都会受到影响。这类模型通常假设数据服从某种特定分布，这在实际应用中并不总是成立的，会导致预测结果出现偏差。在选择经典统计模型时，需要对数据的性质进行充分分析，以确保模型的适用性和有效性。尽管经典统计模型在处理小规模数据和简单关系时依然有效，但在面对复杂多变的市场环境时，其独立使用的局限性开始显露。

2. 机器学习模型的优势

机器学习模型在风险预测中展现出显著的优势，这些模型能够处理大规模数据，并捕捉复杂的非线性关系。通过对海量历史数据的训练，机器学习算法能够自动识别影响风险的多种因素，并基于这些信息进行有效的预测。相较于传统方法，机器学习在提高预测准确度方面展现出优越性，随机森林和支持向量机等算法能够在不同类型的数据集上表现出良好的性能，特别是在特征空间较大且样本量充足的情况下。

深度学习作为机器学习的一种先进形式，在处理图像和文本等复杂数据时表现优异。在风险预测领域，深度学习模型能够从多层次的特征中提取信息，提升预测的深度和广度。利用神经网络结构，企业可以构建更为复杂的模型，针对不同的风险因素进行深入分析，这种灵活性和适应性，使得深度学习在面对动态市场环境时，能够快速调整预测策略。

值得注意的是，机器学习模型的成功依赖高质量的数据和合适的特征选择，数据的完整性和准确性直接影响模型的性能，而特征选择则决定了模型能否有效捕捉到关键因素。企业在实施机器学习模型时，应重视数据的预处理和特征工程，以确保预测的可靠性。机器学习模型通常需要较长的训练时间和更强的计算资源，这对中小型企业构成了挑战，企业在选择模型时需要综合考虑自身的资源和能力。

3. 综合模型的比较

综合模型通过结合不同方法的优点，力求在风险预测中达到更高的准确性和稳定性，这种模型通常融合了经典统计方法和现代机器学习算法的特性，以便更全面地分析风险。通过将历史数据和实时数据结合，综合模型能够在多个维度上对风险进行评估，从而提升预测的有效性。

在比较综合模型与单一模型时，通常发现综合模型在准确性和稳定性方面占有明显优势。这是由于综合模型可以平衡不同模型的缺点，利用各自的优势来弥补不足。当市场出现突发事件时，机器学习模型因数据分布变化而导致预测失准，而综合模型能够通过统计方法的稳健性来抵消这一影响，从而维持预测的有效性。对于企业而言，实施综合模型的挑战在于如何合理选择和组合不同的算法，模型的设计需要考虑数据特性、业务需求以及实际应用场景。在此过程中，企业应当进行充分的模型验证与调整，确保最终选择的综合模型能够在实际运营中发挥预期的效果。

不同风险预测模型在效果上各有优劣，经典统计模型在小规模数据和简单关系下有效，而机器学习模型则在处理复杂数据时展现出更高的灵活性与准确性。综合模型通过整合各种方法的优点，为企业提供了更全面的风险评估工具，企业在选择风险预测模型时应综合考虑数据特性、资源限制及实际需求，以实现最佳的风险管理效果。

三、提升风险预测精度的建议

风险预测的精度对于企业在复杂经济环境中的生存与发展至关重要，能够有效降低潜在损失并提高决策质量，涵盖数据处理、模型选择及实时更新等方面的综合措施，能够大幅提升风险预测模型的效果，确保企业在动态市场中保持竞争力。

1. 数据质量的提升

提升风险预测精度的首要步骤在于确保数据的质量，这不仅包括数据的完整性和准确性，还涉及数据的及时性和相关性。在企业的数据收集过程中，应该制定严格的标准，确保所使用数据来源的可靠性。使用高质量的数据集可以显著减少模型预测的偏差，从而提高最终预测的可信度。实时监控数据更新情况，确保数据反映当前市场的真实状况，有助于提高模型的适应性。

在数据处理环节，清洗和预处理步骤不容忽视，去除异常值、填补缺失值及标准化数据格式，可以有效提升数据的一致性和可用性，这些步骤不仅能够改善数据集的整体质量，还能为模型提供更准确的输入，进一步提高预测的效果。对于多维度数据的处理，采用适当的特征选择技术，使得模型能够聚焦于最相关的变量，也有助于提升模型的性能。对于动态数据的处理，建立灵活的数据更新机制是提高预测精度的重要途径，定期审查和更新数据，确保所用信息始终反映市场的变化，从而使模型保持高效运行。在风险预测中，数据的时效性直接影响预测的可靠性，适应快速变化的市场环境是提升预测精度的必要条件。

2. 模型的选择与优化

选择合适的风险预测模型是提升预测精度的重要环节，经典统计模型与现代机器学习模型各具特点，应根据具体业务需求和数据特性进行合理选择。对于简单的线性关系，传统的回归分析仍具有很强的应用价值，当数据关系复杂或特征维度较高时，机器学习模型展现出的灵活性和适应性更为突出。针对不同的业务场景，可以考虑结合多种模型，形成混合模型以增强预测的准确性，这种方法可以综合各模型的优点，利用统计学的稳健性与机器学习的灵活性，从而在各类风险情境下实现更优的预测。合理设置模型参数及超参数，优化模型结构，有助于提升模型在特定场景下的表现。

模型评估与验证也不可忽视。使用交叉验证等方法对模型进行评估，确保其在不同数据集上的表现稳定性，降低过拟合的风险，针对不同类型的风险，选择合适的评价指标，既能反映模型的实际预测能力，也能为后续模型的改进提供依据。在模型优化过程中，持续进行参数调整和模型重构，有助于适应新的市场动态，实时监控模型表现，通过反馈机制对模型进行调整，确保其始终保持高效运转，以适应不断变化的风险环境。

3. 实时监控与反馈机制

实施实时监控与反馈机制是提升风险预测精度的重要组成部分，通过构建实时监测系统，能够对市场变化、政策调整及其他外部因素进行及时反应，从而使风险预测更加准确。对于监控系统，不仅应关注定量数据的变化，还应纳入定性因素，以全面评估市场环境。

在风险预测过程中，建立有效的反馈机制至关重要，这种机制能够确保模型预测结果与实际情况之间的差异得到及时分析和纠正。定期对预测结果进行复盘，识别出预测偏差的原因，并根据分析结果调整预测模型和策略，实施这一措施可以在很大程度上提升模型的适应性，确保其在面对复杂市场环境时保持高效运转。信息技术的进步为实时监控提供了更多的可能性，使用大数据分析和人工智能，能够快速处理海量数据，并实时更新风险预测结果。这种技术的应用，进一步提高了风险预测的精度，使企业能够更快速地应对市场变化，减少潜在损失。在风险管理的过程中，信息共享机制的建立也显得尤为重要，这可以确保不同部门之间的信息流通，提升企业整体对风险的感知能力和响应速度，形成高效的风险管理体系。

四、风险预测的未来发展方向

风险预测的未来发展方向受到多种因素的影响，科技的进步、数据的丰富性以及市场环境的动态变化都在不断推动风险管理方法的演变。对于企业而言，准确的风险预测不仅是决策的基础，更是增强市场竞争力的重要手段。深入研究未来趋势，有助于企业提前布局，抓住机遇，应对潜在挑战。

1. 智能化与自动化技术的应用

智能化与自动化技术在风险预测领域的应用将愈加普遍，人工智能和机器学习的迅猛发展，使得复杂数据的处理和分析变得更加高效和精准。在此背景下构建基于深度学习的风险预测模型，将会成为一个重要的趋势。这类模型能够自动识别数据中的复杂模式，并在实时数据的基础上不断优化，从而提升预测的准确性与及时性。

机器学习的灵活性使得其在不同类型的风险预测中均具备广泛应用的潜力，无论是金融风险、市场风险，还是运营风险，利用智能算法都能够高效地处理大规模数据，发掘潜在的风险因素。这种基于数据驱动的方法不仅能降低人工分析的主观性，还能提升企业在面对市场波动时的反应速度。在未来，自动化风险预测系统的普及将帮助企业更好地适应快速变化的市场环境，实时监测、自动预警以及智能决策支持，构成了风险管理的新生态。这些技术的融合，不仅提高了预测的精度，也使得企业在资源配置上更加高效，最终实现全面风险管理的目标。

2. 大数据分析的深入应用

大数据的深入应用将为风险预测带来新的机遇，丰富的数据来源为企业提供了更多维度的信息，这些数据包括但不限于交易记录、社交媒体数据、市场动态等，构成了全面分析风险的基础。对这些数据进行深入挖掘与分析，可以识别出影响风险的潜在因素，从而制定更加科学的风险管理策略。

基于大数据的风险预测，将不再局限于传统的统计模型，机器学习、数据挖掘等新兴技术能够结合多种数据源，实现更复杂的风险分析。利用情感分析技术对社交媒体内容进行评估，可以帮助企业及时捕捉消费者的情绪变化，从而预判市场波动和潜在风险。为了最大化地利用数据价值，企业需要构建强大的数据基础设施，确保数据的收集、存储和处理能力。数据治理与质量管理同样不可忽视，应确保数据的准确性和一致性，为高效的风险预测提供保障。数据隐私和安全性问题也应当引起足够重视，建立合规的数据管理体系是未来风险预测发展的重要组成部分。

3. 多元化风险评估模型的构建

多元化风险评估模型的构建将成为风险预测未来发展的重要方向。传统的单一模型往往无法全面反映复杂的市场风险，构建综合性的模型体系，能够综合考虑多种风险因素的相互影响。通过集成不同类型的模型，结合统计分析与机器学习模型，可以充分利用各自的优势，提高预测的精度和稳定性。

模型的灵活性和适应性也需加强，企业在面对市场变化时，能够及时调整模型参数和结构，确保模型保持高效运转。实时更新与反馈机制的建立，将促进模型与市场环境紧密结合，提升预测的准确性。跨学科的知识融合同样为模型的构建提供了丰富的思路，金融、统计、计算机科学等领域的知识能够相互借鉴，推动新型风险评估模型的发展。利用网络分析技术，评估各风险因素之间的关系与影响，可以为综合风险管理提供更全面的视角。

第五章　电力现货市场预测的发展前景

第一节　电力现货市场预测的未来趋势

一、新能源对市场预测的影响

近年来,全球能源结构转型加速,新能源的快速发展改变了电力现货市场的运行机制。传统电力市场的预测主要依赖稳定的发电模式和可预测的需求,而新能源的引入,尤其是风能和太阳能,给市场预测带来新的挑战。计算机技术的发展为这一复杂问题提供了有效的解决方案,提升了预测的准确性和响应速度。

1. 数据量的激增与分析能力的提升

新能源的推广使得实时数据的获取变得更加容易,气象数据、发电数据和负荷数据的种类及数量呈现出爆炸式增长。这些数据来源于多个渠道,包括气象站、智能电表和发电机组的监控系统。以太阳能发电为例,光照强度、温度、湿度等气象条件都会直接影响发电量。这种多样化的数据环境要求市场参与者具备强大的数据处理和分析能力。

面对如此庞大的数据量,传统的统计分析方法显得捉襟见肘,计算机技术特别是大数据分析技术的应用,能够高效处理这些复杂的数据集。通过机器学习和深度学习算法，模型可以从历史数据中学习并识别潜在的模式，进而做出更加精准的预测。利用历史气象数据和发电记录，模型能够推断出特定天气条件下的发电量，从而为市场参与者提供决策支持。

数据可视化技术的引入也大大提升了数据分析的效率。通过可视化工具，复杂的数据集可以被转化为易于理解的图表和图像，使得市场参与者能够快速洞察市场趋势。这种可视化不仅提高了数据的可读性，还增强了决策的及时性与准确性。

2. 市场波动性的加剧

新能源的引入导致电力市场的波动性显著增加，这种波动性源于多种因素，包括气候变化、发电模式的多样性及需求的不稳定性。风电和太阳能的发电量受气象条件的影响，具有较大的不确定性，这与传统的火电或水电发电相比，表现出更高的波动性。

这种波动性给市场参与者带来了更大的不确定性，传统的预测模型往往难以应对。为了应对市场的波动，计算机技术提供了一种新的解决思路。通过构建动态预测模型，结合历史数据与实时监测数据，机器学习算法能够识别市场波动的规律，并进行短期预测。这种方法不仅提高了预测对市场风险的敏感性，还能够帮助参与者制定更为有效的应对策略。

某些机器学习模型能够在特定的市场条件下，预测电价的短期波动。通过对历史价格波动进行深度分析，市场参与者能够提前判断未来的价格走势，进而制定相应的交易策略。这种预测不仅限于简单的价格预测，还可以结合电力需求的变化，进行更为全面的市场分析。

3. 智能决策支持系统的崛起

随着计算机技术的不断发展，智能决策支持系统逐渐成为电力市场预测的重要工具。这些系统能够集成多种预测模型，实时分析市场动态，并提供基于数据的决策建议。通过对多种情景的模拟，这些系统帮助市场参与者识别潜在的风险和机会。

智能决策支持系统通常具备强大的数据处理能力，可以整合来自多个数据源的信息。市场参与者可以通过这些系统实时跟踪市场动态,快速调整交易策略。在风电发电量增加的情况下,系统能够及时提醒用户进行电力销售,以避免市场价格下跌导致的损失。

智能决策支持系统的应用还提高了市场参与者对突发事件的反应能力。在某一地区发生自然灾害时,系统能够迅速分析灾害对电力供应的影响,帮助用户制定应急措施。通过模拟不同情境,这些系统能够为决策提供多样化的支持,提升市场参与者的决策灵活性。

新能源的发展和计算机技术的进步为电力现货市场预测带来新的机遇和挑战。数据量的激增要求市场参与者具备更强的数据处理能力,波动性的加剧促使他们寻求更为精准的预测方法,而智能决策支持系统的崛起则为市场决策提供了新的工具。未来,依托计算机技术的创新,电力市场的预测将更加精准,市场参与者将能够更有效地应对不确定性,实现资源的高效配置。通过不断探索和应用先进技术,电力现货市场将在可再生能源快速发展的背景下迎来更加光明的未来。

二、市场预测技术的前沿发展

随着全球能源结构的变化和可再生能源的快速发展,电力现货市场的预测技术正迎来前所未有的机遇与挑战。新技术的引入使得市场参与者能够更精准地进行电力需求和价格的预测,从而在竞争日益激烈的环境中获得优势。分析当前市场预测技术的前沿发展有助于理解未来电力市场的演变方向和技术驱动。

1. 人工智能与机器学习的广泛应用

人工智能(AI)与机器学习(ML)正在彻底改变电力市场的预测方式,通过分析海量历史数据,这些技术能够识别出复杂的模式,进而提高预测的准确性。与传统的统计方法相比,机器学习模型在处理非线性关系和多维数据方面展现出更强的能力,能够更好地适应市场动态。

深度学习在电力市场中得到广泛应用,神经网络特别是长短期记忆网络

（LSTM），在时间序列预测中表现突出。电力负荷和价格的变化常常受到多种因素的影响，使用 LSTM 模型可以有效捕捉这些时间序列数据中的长期相关性。通过训练模型以分析历史电力需求、气象条件和经济指标，市场参与者可以预测未来的电力需求变化。

在实际应用中，许多电力公司和市场交易者已经开始依赖机器学习来进行短期和中期的电力需求预测。这种技术的进步，使得市场参与者可以在价格波动中做出更为及时的决策，从而优化资源配置，降低运营成本。

2. 大数据分析与实时监测的结合

在电力市场的预测中，大数据分析与实时监测的结合起着至关重要的作用。随着智能电表和传感器技术的发展，市场参与者可以实时收集和分析电力需求、发电量及环境因素的数据。这种实时数据的获取，为电力市场的预测提供了更为坚实的基础。

大数据分析技术可以对来自不同源的数据进行整合和处理，从而揭示出潜在的市场趋势和规律。通过对历史气象数据和电力需求的分析，市场参与者可以识别出气象条件对电力需求的影响，从而提高预测的精度。在某些情况下，结合社交媒体数据和经济指标，市场参与者还可以预测由于社会事件或经济变动引发的电力需求变化。

实时监测的优势在于它能够快速响应市场变化。在电力需求激增的情况下，实时数据可以帮助市场参与者迅速判断供需状况，并及时调整电力交易策略。这种灵活性和及时性使得市场参与者能够在瞬息万变的市场中占得先机，提高整体市场的反应能力。

实时监测还可以为需求响应（demand response）机制提供支持。通过智能家居和商业设施的实时数据，市场可以在高需求时段动态调整电力分配，提高电力使用效率，从而平衡电力供需。

3. 区块链提升市场透明度与安全性

区块链在电力市场中的应用，正在为市场透明度和数据安全性带来新的变革。通过分布式账本技术，区块链能够确保所有交易的透明度和可追溯性。这种特性对电力市场至关重要，因为透明的数据环境能够减少信息不对称，提升市场信任度。

在电力交易中，区块链可以记录每一笔交易的详细信息，包括交易时间、交易双方、交易量及价格等。这种数据的不可篡改性保障了交易的公正性，市场参与者可以依据这些信息做出更为科学的决策。在可再生能源的交易中，生产者和消费者可以通过区块链平台直接进行交易，减少中间环节，提高交易效率。

区块链还能够增强市场参与者之间的信任关系，在一个透明且安全的市场环境中，交易双方都可以更加放心地进行合作，从而促进可再生能源的开发与利用。这种信任机制不仅提高了市场的效率，还推动了电力行业的创新与发展。

电力现货市场预测技术的前沿发展主要体现在人工智能与机器学习、大数据分析与实时监测以及区块链的应用上，见表5-1。这些技术的结合，不仅提高了市场预测的准确性和实时性，还增强了市场的透明度与安全性。随着技术的不断进步，未来电力市场的预测将愈加智能化，市场参与者将能够更有效地应对不确定性，实现资源的高效配置。这些前沿技术的应用，不仅为电力市场的健康发展奠定了基础，也为推动可再生能源的广泛应用提供了强有力的支持。

表 5-1 电力市场预测技术的前沿发展

技术	应用	优势
人工智能	电力需求与价格预测	提高预测准确性，优化资源配置，降低运营成本
大数据	实时数据分析	揭示市场趋势，快速响应变化，优化电力使用效率
区块链	提升市场透明度	确保交易公正，增强信任，促进可再生能源利用

三、预测模型的创新与优化

随着电力市场的复杂性不断增加，传统的预测模型逐渐难以满足市场需求的多样性与动态变化，针对市场环境的变化，预测模型的创新与优化显得尤为重要。通过引入先进的算法，提升模型的灵活性和准确性，市场参与者能够更好地应对未来的挑战。

1. 深度学习模型的应用与发展

深度学习近年来在各个领域取得了显著的成功,在电力市场预测中也展现出强大的潜力。与传统模型相比,深度学习能够更好地处理非线性关系和高维数据,适应复杂的市场环境。使用卷积神经网络(CNN)进行特征提取,能够有效识别出电力需求变化中的关键因素。

在电力负荷预测方面,长短期记忆网络(LSTM)模型被广泛应用。LSTM能够捕捉时间序列数据中的长期依赖性,对于电力需求和气象数据的变化反应灵敏。通过训练模型,可以更准确地预测未来负荷变化,从而为电力调度提供可靠依据。许多研究表明,基于深度学习的预测模型相较于传统线性回归模型,能够显著提升预测的准确性,尤其是在高峰负荷和价格波动期间。

集成学习方法也在电力市场预测中得到应用,通过结合多个预测模型的结果,可以提高预测的稳健性和准确性。随机森林和梯度提升树等集成算法,通过组合多个决策树的预测结果,能够更有效地降低过拟合风险,从而提高模型的泛化能力。这种创新的模型设计,为电力市场的动态预测提供了新的思路。

2. 模型优化与自适应机制的引入

电力市场的快速变化要求预测模型具备一定的自适应能力。通过引入自适应机制,模型能够根据实时数据的变化,动态调整参数和结构,提高预测的灵活性。这种模型优化的方法有助于提升预测的实时性和准确性。

自适应学习算法,如在线学习和增量学习,正在越来越多地被应用于电力市场预测中。在线学习算法可以在模型运行时持续更新参数,以适应新出现的数据。这一特点使得模型在面对突发事件时能够迅速响应,从而提供及时的预测。当某一地区发生自然灾害时,通过在线学习算法,模型可以快速调整预测,以反映新的供需状况。

增量学习方法也同样重要,这种方法通过逐步引入新的数据,使得模型在不需要重新训练的情况下,能够不断提升预测能力。通过对历史数据进行增量更新,模型可以保持高效的预测性能,减少计算资源的消耗。这种灵活的模型设计,使得电力市场的预测更加高效。

3. 多源数据融合与模型集成

电力市场预测的准确性往往依赖数据的丰富性与多样性。通过融合多源数据，预测模型可以获得更全面的信息，从而提升预测的精度。近年来，随着数据获取技术的发展，市场参与者可以获取来自气象、经济、社交媒体等多个方面的数据。

多源数据的融合，能够为预测模型提供更多的上下文信息，结合天气预报数据、历史电力负荷数据以及经济指标，能够更好地捕捉电力需求的变化趋势。通过对不同数据源的分析，市场参与者能够识别出影响电力需求的关键因素，从而进行精准预测。

模型集成的方法同样重要。通过将不同类型的模型结合，可以实现更强的预测能力。将传统的统计模型与机器学习模型结合，能够充分发挥两者的优势，提高预测的准确性和可靠性。通过模型集成，市场参与者可以在复杂的电力市场中制定出更加科学合理的决策方案。

电力现货市场预测模型的创新与优化，主要体现在深度学习模型的应用、自适应机制的引入以及多源数据融合与模型集成方面。随着技术的不断进步，预测模型的准确性和灵活性将得到进一步提升。这些创新将为电力市场的参与者提供更为有效的决策支持，帮助他们在快速变化的市场环境中把握机会，实现资源的高效配置。随着预测技术的持续演进，电力市场的运行效率和可再生能源的利用率将得到显著提升。

第二节　人工智能在电力现货市场预测中的发展

一、人工智能的最新进展

人工智能（AI）在电力市场的应用正在迅速发展，改变了传统电力交易和预测的方式。随着技术的不断进步，AI不仅提高了预测的准确性，还增强了市场的灵活性和反应速度。了解当前AI的最新进展,将有助于把握电力市场的未来趋势。

1. 深度学习算法的突破

深度学习作为机器学习的一个分支,近年来在图像识别、自然语言处理等领域取得了显著成就。深度学习算法通过多层神经网络,对复杂的非线性关系进行建模,从而能够准确捕捉电力负荷和价格变化的潜在规律。

在电力需求预测中,使用长短期记忆网络(LSTM)和卷积神经网络(CNN)等深度学习算法,能够处理历史数据的时间序列特性。这些模型能够学习电力需求与气象数据、经济指标之间的复杂关系。基于深度学习的预测模型相较于传统方法具有更高的准确性,尤其是在高波动性和极端天气情况下,深度学习模型表现得尤为突出。

深度学习的另一个重要优势在于其自适应能力。通过不断更新和优化,模型可以根据新的市场数据调整预测策略。这种灵活性使得电力市场参与者能够在快速变化的环境中做出更为及时的决策,从而有效应对市场风险。

2. 强化学习在电力调度中的应用

强化学习作为一种新兴的AI技术,在电力调度和优化中展现出巨大的潜力。与传统的优化算法不同,强化学习通过与环境的交互学习最优策略,使得智能体能够根据实时反馈不断改进其决策。这一特性使得强化学习在动态电力市场中得到了广泛应用。

在电力市场中,强化学习可以用于优化发电调度和需求响应管理。通过对市场实时数据的分析,强化学习算法能够在每个时间步做出最佳决策。当电力需求上升时,系统能够自动选择最合适的发电源进行调度,从而满足需求并降低成本。

强化学习还能够帮助市场参与者制定灵活的交易策略。在面对市场价格波动时,算法能够根据历史交易数据和市场动态,实时调整买卖策略。这种动态调整能力,使得市场参与者能够更好地把握市场机会,降低交易风险。

3. 智能化决策支持系统的构建

随着人工智能的发展,智能化决策支持系统(DSS)在电力市场中逐渐普及,这些系统综合应用 AI 算法、大数据分析和实时监测技术，为市场参与者提供科学的决策依据。通过集成多种数据源，智能化决策支持系统能够实现更全面的市场分析和预测。

智能化决策支持系统能够实时监控电力市场的变化，快速响应市场需求。当市场价格波动时，系统可以立即分析供需关系，并提供最优的调度建议。这种实时反馈机制使得决策过程更加高效，有助于提高电力资源的配置效率。

这些系统还可以通过机器学习算法持续改进自身的预测能力。通过不断吸收新数据，系统能够识别出新的市场趋势和规律，从而为参与者提供更为准确的市场预测。这种智能化的决策支持，能够有效提升市场参与者的竞争力，推动电力市场的健康发展。

人工智能在电力市场中的前沿进展主要体现在深度学习算法的突破、强化学习在电力调度中的应用以及智能化决策支持系统的构建。这些技术的不断创新，不仅提升了电力市场预测的准确性，还增强了市场的灵活性，提高了市场的反应速度。随着人工智能的进一步发展，电力市场将迎来更加智能化的趋势，为市场参与者提供更为有效的决策支持，推动电力行业的可持续发展。

二、人工智能在市场预测中的深度应用

人工智能在电力市场的应用正逐步深入，特别是在市场预测方面，通过利用机器学习和深度学习等技术，市场参与者能够更准确地预测电力需求和价格变化。这一深度应用不仅提升了预测的准确性，也为电力行业的决策支持提供了新的思路和方法。

1. 电力需求预测的智能化

电力需求预测是电力市场管理中的关键环节，准确的需求预测能够有效保障电力供应的安全与稳定。人工智能通过分析大量的历史数据和实时信息，为需求预测提供了强有力的支持。机器学习模型，如支持向量机（SVM）、随机森林和深度神经网络，能够识别出复杂的需求模式。

通过整合气象数据、经济活动指标和历史负荷数据，AI模型能够实时捕捉需求变化的趋势。利用深度学习的长短期记忆网络（LSTM），模型能够处理时间序列数据，预测未来的电力需求。这些技术在高峰负荷预测中的表现优于传统统计方法，预测准确性显著提高。

智能化需求预测还可以借助社交媒体和在线搜索数据等非传统数据源，识别出潜在的需求变化。通过分析消费者行为和市场情绪，AI能够在需求变化出现之前进行预警，为电力调度和市场运营提供前瞻性支持。

2. 电力市场价格预测的创新

价格预测是电力市场参与者决策的重要依据，人工智能的引入为价格预测带来了新的机遇。传统的价格预测方法往往依赖线性模型，难以适应市场的非线性特征。通过机器学习和深度学习技术，市场参与者能够更准确地预测价格波动。

利用深度学习模型，可以处理电力价格与多种因素之间的复杂关系，结合历史价格数据、交易量、气候条件和其他市场指标，AI模型可以识别出影响价格变化的关键因素。通过模型训练，能够对未来价格趋势进行有效预测，从而帮助市场参与者制定合理的交易策略。

强化学习算法在价格预测中的应用逐渐受到重视，通过模拟市场环境和历史交易数据，智能体能够不断优化其交易策略，实现最佳收益。这种基于实时反馈的学习方式，使得价格预测的准确性和实时性得以提升，市场参与者能够在价格波动中灵活调整策略。

3. 风险管理与决策支持

在电力市场中，风险管理是确保市场稳定和维护参与者利益的重要环节。人工智能能够帮助市场参与者识别和评估潜在的风险，通过数据驱动的决策支持，实现更有效的风险管理。

AI可以对市场数据进行深入分析，识别出风险因素和潜在的市场波动。通过机器学习算法，市场参与者可以构建风险评估模型，量化不同因素对市场稳定性的影响。这种风险分析为决策提供了依据，使得市场参与者能够采取预防措施，降低潜在损失。

智能决策支持系统也在风险管理中发挥着关键作用，这些系统整合了多种数据源和分析工具，为市场参与者提供实时的风险评估和建议。通过可视化工具，决策者可以直观地了解市场动态和潜在风险，从而做出科学决策。

人工智能在电力市场预测中的深度应用，主要体现在电力需求预测的智能化、价格预测的创新以及风险管理与决策支持的优化。这些应用不仅提高了预测的准确性，也增强了市场参与者应对复杂环境的能力。随着人工智能的不断发展，未来电力市场的预测将更加精准和高效，为行业的可持续发展提供坚实的基础。通过深入应用 AI，电力市场参与者将能够在激烈的市场竞争中取得优势，实现资源的优化配置。

三、人工智能预测模型的优势

人工智能（AI）预测模型在电力市场中的应用日益广泛，带来了显著的优势，这些模型不仅提升了电力需求和价格预测的准确性，还增强了市场响应速度与灵活性。通过深度学习、机器学习等技术，市场参与者能够在复杂多变的环境中做出更科学的决策。分析人工智能预测模型的优势，有助于理解其在电力市场中的重要性及未来发展潜力。

1. 高准确性与适应性

人工智能预测模型的最大优势在于其高准确性和适应性。与传统统计模型相比，AI 模型能够处理大量的历史数据，捕捉复杂的非线性关系。这种能力使得 AI 能够更好地反映电力需求与价格变化的动态特征。

深度学习算法，特别是长短期记忆网络（LSTM）和卷积神经网络（CNN），在时间序列预测中表现优异。通过对电力需求、气象因素和社会经济指标的全面分析，AI 模型能够识别出潜在的影响因素，并预测出更为准确的电力负荷和价格变化。模型能够根据实时数据进行自我调整，以适应市场的快速变化。通过持续地学习和更新，AI 预测模型在面对突发事件时，能够及时调整预测结果，从而提升市场响应的灵活性。

2. 数据整合与多源信息利用

人工智能预测模型具备强大的数据整合能力，能够有效利用多源信息。这一优势使得模型在进行电力市场预测时，可以综合考虑多个变量的影响，从而提高预测的全面性和准确性。

在电力市场中，电力需求和价格受到多种因素的影响，包括气象数据、经济指标、政策变动和社会事件等。通过集成来自不同数据源的信息，AI模型能够深入分析这些因素之间的相互关系。通过结合气象预测和历史负荷数据，模型能够更好地理解天气变化对电力需求的影响，从而进行更为准确的需求预测。

AI模型能够处理大数据环境下的信息，快速分析和整合数据。通过实时数据分析，市场参与者可以在短时间内获取全面的信息支持，做出更为科学的决策。这种多源信息利用的能力，使得人工智能预测模型在应对复杂市场环境时展现出更强的竞争力。

3. 实时监测与快速响应

实时监测和快速响应是人工智能预测模型的另一个重要优势。随着物联网（IoT）技术的发展，实时数据的获取变得更加容易。AI模型能够实时分析市场数据，提供及时的预测结果，从而帮助市场参与者迅速做出反应。

在电力市场中，需求和价格的变化受到多种因素的影响，包括突发的天气变化或经济波动。通过实时数据监测，人工智能模型能够迅速捕捉到这些变化，并即时更新预测。当某个地区的电力需求突然上升时，AI模型能够快速分析原因，并提供调整调度的建议。这种实时响应能力，帮助市场参与者在竞争中保持优势，降低风险。

智能决策支持系统的结合，使得这一优势得以进一步提升。这些系统能够将实时监测数据与预测模型结合，为决策者提供清晰的市场动态和预测信息，支持其在复杂环境下做出有效决策。

人工智能预测模型在电力市场中的优势主要体现在高准确性与适应性、数据整合与多源信息利用以及实时监测与快速响应，见表5-2。这些优势使得市场参与者能够在复杂多变的市场环境中做出更加科学和合理的决策。随着技术的不断进步，人工智能预测模型在电力市场中的应用将愈加广泛，为电力行业的可持续发展提供更强有力的支持。通过充分发挥人工智能的潜力，电力市场参与者将能够在未来的竞争中脱颖而出，实现资源的高效配置和市场的优化运行。

表 5-2 人工智能预测模型在电力市场中的优势

优势	描述
高准确性与适应性	处理大量数据，捕捉复杂关系；深度学习算法优异；自我调整适应市场；预测误差显著降低
数据整合与多源利用	综合考虑多变量；集成不同数据源；处理大数据；实时分析支持决策
实时监测与快速响应	实时分析数据；迅速捕捉变化；智能决策支持；降低风险，保持竞争优势

四、人工智能的未来前景

人工智能在电力市场中的应用日益广泛，展现出巨大的发展潜力。随着技术的进步和市场需求的变化，AI 在电力市场中的角色将进一步深化。探讨人工智能的未来前景，有助于理解其在电力市场中带来的变革及其对行业发展的影响。

1. 智能化决策支持的普及

人工智能将推动智能化决策支持系统的广泛应用。电力市场的复杂性要求决策者能够实时处理大量数据并迅速做出反应。AI 将通过整合大数据分析、机器学习和优化算法，为市场参与者提供更为精准的决策支持。

这些智能化系统将结合实时监测数据与历史分析，帮助决策者更好地理解市场动态。通过模拟不同情景和市场波动，这些系统能够预测潜在风险，提出最佳操作策略。在高峰用电期，智能决策系统可以建议调整发电计划或优化电力调度，以确保供需平衡。这种智能化的支持将显著提升市场参与者的决策效率和准确性，降低决策风险。随着技术的不断发展，智能化决策支持系统的功能将更加完善，未来将成为电力市场运营的重要组成部分，推动整个行业的数字化转型。

2. 自动化交易的兴起

人工智能将促进电力市场中自动化交易的兴起。传统的电力交易往往依赖人工决策，存在响应速度慢和操作不灵活的不足。通过应用 AI，市场参与者可以实现自动化交易，提升交易的效率和准确性。

AI 算法能够实时分析市场数据，识别最佳交易时机。通过设定交易策略和风险控制规则，智能合约可以在满足条件时自动执行交易。这一过程不仅降低了人为干预的风险，也提高了交易执行的速度。在价格达到设定阈值时，系统可以自动进行买入或卖出操作，从而帮助参与者把握市场机会。自动化交易的推广使得电力市场的交易更加高效，也会吸引更多的市场参与者，提升市场的活跃度与竞争性。

3. 可再生能源整合与优化

随着可再生能源比例的不断增加，AI 将在可再生能源的整合与优化中发挥重要作用。可再生能源如风能和太阳能具有波动性和间歇性，给电力市场带来新的挑战。AI 可以通过精确预测和调度优化，帮助平衡可再生能源的供应与需求。

利用机器学习和深度学习，AI 模型可以分析历史气象数据与发电数据，预测可再生能源的发电量。通过与传统能源调度相结合，智能系统能够优化电力供应，确保电力系统的稳定性。当风能发电量高于预期时，系统可以建议降低传统火电的输出，从而实现能源的高效利用。

AI 还可以通过智能储能系统优化电力的存储和使用。通过实时监测电力需求和发电情况，智能储能系统可以决定最佳的充放电策略，从而提升可再生能源的利用率，增强系统的灵活性。

人工智能在电力市场的未来前景体现在智能化决策支持的普及、自动化交易的兴起以及可再生能源整合与优化的推动。随着技术的不断发展，AI 将在提升电力市场效率、降低风险和促进可持续发展方面发挥更大的作用。电力市场将更加依赖人工智能的支持，从而实现数字化、智能化的全面转型，为行业的发展提供强有力的动力。通过充分利用人工智能的潜力，电力市场的参与者将能够在复杂多变的环境中把握机遇，优化资源配置，推动行业的创新与进步。

第三节　计算机技术与电力市场的深度融合

一、边缘计算技术在电力市场中的应用

在现代电力市场中，随着技术的迅猛发展，特别是物联网和智能电网的普及，边缘计算技术逐渐成为电力市场的关键组成部分。边缘计算通过在数据生成源附近进行处理和分析，不仅能够降低数据传输的延迟，还能增强系统的灵活性与实时响应能力。探讨边缘计算在电力市场中的应用，可以帮助市场参与者更好地理解其在提高市场效率、支持智能设备以及增强系统安全性与可靠性方面的潜在影响。

1. 提升实时数据处理能力

边缘计算的一个主要优势在于其能够显著提升电力市场的实时数据处理能力。在传统的电力系统中，数据往往需要传输到远程数据中心进行处理，这一过程不仅耗时，而且会导致重要信息的延误，进而影响决策的及时性和准确性。随着智能电表和传感器的广泛应用，电力市场面临着大量实时数据的挑战。边缘计算的引入使得数据能够在产生地点附近进行处理，缩短了数据传输所需的时间，提升了整体系统的响应速度。

通过边缘计算，电力公司能够实时获取电力负荷、发电状态和设备健康状况等重要数据，从而更快地做出调度决策。在高峰负荷期间，边缘计算可以实时分析各区域的电力需求，并根据数据变化向调度中心提供建议。这种能力确保了电力市场能够灵活应对波动，提高供需平衡的效率。

边缘计算还可以对数据进行预处理，筛选出关键数据，并减少冗余信息的传输。通过智能算法，边缘设备能够即时处理并反馈重要信息，减轻中心服务器的负担，提高数据处理的整体效率。这一特性使得边缘计算在电力市场中不仅是提升效率的工具，更是支持智能决策的重要基础。

在实际应用中，边缘计算能够为电力市场提供更为精细化的运营管理，通

过对设备状态的实时监测，边缘计算可以在故障发生前进行预测，减少停机时间。这种预防性维护不仅提高了设备的使用效率，也降低了运维成本。在电力系统日益复杂的背景下，边缘计算的实时数据处理能力显得尤为重要。

2. 支持智能设备的广泛应用

随着物联网的迅猛发展，边缘计算为电力市场中智能设备的广泛应用提供了必要的基础支持。智能电表、智能传感器和储能系统等设备的普及，使得电力系统能够实现更高水平的自动化和智能化。这些智能设备通常需要具备快速的实时数据处理能力，以便及时响应市场变化和用户需求。

边缘计算技术能够使这些智能设备在本地进行数据处理和决策，从而提高系统的响应速度。智能电表不仅能记录用户的用电数据，还能够分析用户的用电习惯，提供个性化的节能建议。通过这种实时反馈，用户能够优化自己的用电行为，取得降低电费的效果。

在分布式能源管理系统中，边缘计算的应用能够有效协调多种可再生能源的使用。可再生能源具有波动性，边缘计算能够实时监测和预测这些能源的发电情况，并及时调整传统能源的输出。当可再生能源发电量超过需求时，边缘计算可以指挥储能系统存储多余电能，反之亦然，从而实现更高效的能源管理。

边缘计算还能够支持电动汽车的充电基础设施管理。随着电动汽车数量的不断增加，对充电设施的需求也在上升。边缘计算可以根据电网负荷和用户需求，实时调整充电策略，从而实现充电桩的高效利用。这种灵活的充电管理不仅提高了充电设施的使用效率，也为电网的稳定性提供了保障。

边缘计算还促进了用户与电力公司的互动。用户可以通过智能设备获取实时电价信息，根据市场变化灵活选择用电时间。这种互动不仅增强了用户的参与感，还促进了电力市场的灵活性和竞争性。

3. 增强安全性与可靠性

在电力市场中，数据安全和系统可靠性至关重要，边缘计算通过将数据处理分散到多个边缘设备，降低单点故障的风险，增强系统的安全性和可靠性。传统集中式处理模式容易受到网络攻击和设备故障的影响，而边缘计算的分布式特性能够有效缓解这些风险。

通过在边缘设备上进行数据处理和存储,敏感信息不必长时间传输至中心服务器,从而减少了数据泄露和被攻击的可能性。在电力系统中,当边缘设备监测到异常流量或不寻常的访问模式时,可以立即采取措施,防止潜在的攻击。这种快速反应能力确保了电力市场的安全性,维护了用户的利益。

边缘计算还可以通过故障检测和自动恢复机制,提升系统的可靠性。在电力系统中,边缘设备能够快速识别故障并采取相应措施,降低对用户的影响。当电网出现故障时,边缘计算能够立即切换至备用电源,从而确保电力供应的连续性。这种智能化的故障恢复能力可以显著提高电力市场的运营效率,增强用户的信任感。

边缘计算的分布式特性使得系统具有更强的抗风险能力,在极端天气或其他突发事件影响电力供应时,边缘计算能够保持局部系统的独立运行,确保电力供应的稳定性。这种灵活性和可靠性使得电力市场能够更好地应对各种挑战。

边缘计算技术在电力市场中的应用展现了其在提升实时数据处理能力、支持智能设备广泛应用、增强安全性与可靠性方面的重要优势。随着电力市场的不断发展,边缘计算将发挥越来越关键的作用,为市场参与者提供高效、灵活和安全的解决方案。边缘计算与其他新兴技术的深度融合,将推动电力市场的智能化转型,为实现可持续发展目标奠定坚实基础。通过优化资源配置与增强市场响应能力,边缘计算将助力电力市场走向更加智能化和可持续的未来。边缘计算不仅是提高电力市场运营效率的重要工具,更是实现智能电网与可再生能源整合的关键所在。展望未来,随着技术的不断进步,边缘计算将在电力市场中扮演越来越重要的角色,推动电力行业的持续创新与发展。

二、区块链在电力市场中的应用

区块链因其去中心化、透明度和安全性等特性,正在逐渐改变电力市场的运营模式。电力市场作为一个复杂的交易系统,需要快速、可靠和高效的交易机制，以应对不断变化的市场需求。区块链的引入，能够提升交易的透明度，降低交易成本，增强用户参与感，并为可再生能源的交易提供新的解决方案。深入探讨区块链在电力市场中的应用，有助于理解其在未来电力交易、智能合约以及分布式能源管理等方面的潜力和影响。

1. 提升交易透明度与安全性

区块链的去中心化特性使得电力市场的交易变得更加透明和安全。传统电力市场中的交易通常由中央机构管理，信息的不对称性会导致不公平交易和信任危机。而区块链的分布式账本将所有交易记录存储在多个节点上，任何参与者都可以实时访问和验证这些信息，从而提升交易的透明度和可追溯性。

在电力市场中，交易双方可以通过区块链直接进行电力交易，无须中介机构介入。这种方式不仅降低了交易成本，还提高了交易的安全性。由于区块链的不可篡改性，任何一笔交易在确认后都无法被修改，这为市场参与者提供了更高的安全保障。在电力交易中，尤其是涉及大额资金的交易，安全性显得尤为重要。

分布式发电厂可以通过区块链平台直接与消费者进行交易，消费者能够实时查看发电厂的发电数据及其价格。这种透明的交易环境使得用户在选择电力供应商时可以做出更明智的决策，从而促进市场竞争。监管机构可以通过区块链平台监控市场交易，及时发现并处理异常情况，增强市场的稳定性。

区块链的透明度有助于构建消费者对电力市场的信任，消费者可以清楚地了解电力的来源和价格变动，避免被不公正的市场操作欺骗。这种信任的建立，有助于提高用户的参与积极性，推动电力市场的健康发展。

2. 智能合约的应用

智能合约是区块链的重要应用之一，能够在电力市场中实现自动化交易和协议执行。智能合约是一种自执行的合约，合约条款以代码形式写入区块链中，一旦满足特定条件，合约将自动执行。这种特性不仅提高了交易的效率，也减少了人为干预和操作错误的可能性。

在电力市场中，智能合约可以用于管理电力交易的各个环节，用户在选择电力供应商时，可以通过智能合约设定用电价格和用电时间。当条件满足时，合约将自动执行交易，确保用户按时获得电力供应。智能合约可以自动处理支付流程，使用户的支付与电力供应的确认无缝对接，避免传统支付方式中出现的延迟和错误。

智能合约还可以支持动态定价模型，电力市场的价格受到多种因素的影响，如供需关系、天气变化等。通过智能合约，市场参与者可以实时获取价格信息，并根据价格波动自动调整交易策略。当电力价格较低时，消费者可以选择增加用电量；而在价格较高时，则可以选择减少用电量。这样的灵活性不仅提高了市场的效率，也促进了电力资源的优化配置。

在可再生能源交易中，智能合约也发挥重要作用，分布式发电设施可以通过智能合约直接向消费者出售多余电力。智能合约可以确保交易的自动执行，简化交易流程，提高小规模电力交易的便捷性和可靠性。

智能合约的透明度和不可篡改性，使得交易双方在合约执行过程中能够更加信任对方。合同条款的自动执行减少了争议的可能性，进而降低交易风险。这种自动化的合约执行模式为电力市场的智能化发展奠定了基础。

3. 支持可再生能源的交易与管理

可再生能源的迅速发展为电力市场带来新的机遇和挑战，区块链为可再生能源的交易和管理提供新的解决方案，能够有效提高可再生能源的交易效率和可靠性。由于可再生能源的发电具有间歇性和不稳定性，传统的电力交易模式在管理这些资源时面临困难，而区块链的去中心化特性可以改善这一状况。

通过区块链平台，分布式能源资源（如风能、太阳能等）能够与消费者直接交易。用户可以通过智能合约实时购买来自邻近可再生能源发电设施的电力，这种交易方式不仅简化了交易流程，也增强了市场的灵活性。消费者不仅可以选择合适的电力供应商，还能选择绿色能源，这促进了可再生能源的广泛应用。

区块链能够有效管理可再生能源的认证和追踪。确保可再生能源的真实性和来源的可追溯性，对于提升消费者信任度至关重要。通过区块链，可以记录每个单位可再生能源的生成和交易信息，确保其来源可追溯。

区块链在电力市场中的应用还能够实现能量的双向流动。随着分布式发电设施的增多，传统的电力网络面临着新的挑战。区块链能够为这些小型发电者提供一个直接参与市场的平台，使得他们能够将多余的电力出售给邻近用户，促进电力市场的多样性与活力。

随着电力市场的不断发展，区块链在可再生能源交易中的应用将进一步深化，区块链将为促进电力市场的灵活性、透明度和可持续性提供更为有力的支持，推动智能电网的建设和可再生能源的普及。区块链在电力市场中的应用展现了其在提升交易透明度与安全性、智能合约的应用以及支持可再生能源交易与管理方面的重要潜力，见表5-3。通过去中心化的分布式账本和智能合约，区块链为电力市场的高效、透明和安全运行提供强有力的支持。随着技术的不断进步与完善，区块链将在电力市场中发挥越来越重要的作用，推动市场结构的变革与创新。

表5-3 区块链在电力市场中的应用

应用方面	描述
提升交易透明度与安全性	利用去中心化特性增强交易透明度和安全性，降低交易成本，提升市场稳定性
智能合约的应用	实现自动化交易和协议执行，提高交易效率，支持动态定价，简化可再生能源交易流程
支持可再生能源交易与管理	提供新解决方案，促进可再生能源与消费者直接交易，确保能源真实性和来源可追溯性，实现能量双向流动

区块链有望与人工智能、边缘计算等技术进一步融合，为电力市场提供更加智能化和灵活的解决方案。在可持续发展的背景下，区块链将为促进可再生能源的广泛应用和用户参与提供强大的支持，为电力市场的持续创新与发展奠定坚实基础。通过提升市场效率和透明度，区块链将助力电力市场走向更加开放和可持续的未来。区块链不仅能够提高电力市场的运行效率，还能为用户提供更为便捷和安全的用电体验，促进能源的合理配置和高效利用。

三、物联网在电力市场中的应用

物联网（IoT）的迅速发展为电力市场的转型与升级提供了新的动力，通过将传感器、智能设备和网络连接融入电力系统，物联网能够实现数据的实时采集、分析与反馈。这种深度的互联互通不仅提高了电力系统的管理效率和灵活性，还促进了用户的参与和可再生能源的应用。

1. 智能电网的构建

物联网的关键应用之一在于智能电网的建设。智能电网是传统电网与现代信息技术的结合，能够通过实时数据的获取与分析，优化电力生产、传输和消费的各个环节。物联网设备的引入，如智能电表和传感器，极大地提升了电力系统的智能化水平。

智能电表作为物联网的代表，能够实时记录用户的用电数据，并将这些数据传输给电力公司。通过智能电表，用户可以随时查看自己的用电情况，了解电费的实时变动。这种透明的用电信息不仅增强了用户的主动性，还促进了其对电力消费的管理，帮助用户实现节能减排的目标。电力公司也可以利用这些数据进行负荷预测和电力调度，从而提高供电的可靠性和稳定性。

物联网还可以通过传感器监测电力设备的运行状态，及时发现设备故障。变电站内的传感器可以实时监测变压器的温度、电压和负荷状况，一旦出现异常，系统会自动发出警报。这种实时监控不仅能降低设备的维护成本，还能延长设备的使用寿命，确保电力供应的连续性。

通过对电力系统进行全面的监控与管理，智能电网能够实现更加灵活的电力调度。电力公司可以根据实时数据和用户需求，动态调整电力生产与分配。在电力需求高峰期，可以调动储备电源，确保供电的稳定性。这种灵活的调度机制，不仅提升了电力市场的整体效率，也为可再生能源的广泛接入提供了支持。

智能电网的建设，不仅提高了电力系统的运行效率，也为用户提供了更多的用电选择。用户可以根据实时电价和用电需求，选择合适的用电时间和方式。这种智能化的用电管理，推动了电力市场的良性发展，使得能源资源的利用更加高效。

2. 需求响应管理

物联网在需求响应管理中的应用，显著提升了电力市场的灵活性与响应能力。需求响应是指在电力需求高峰期通过激励措施促使用户调整用电行为，以平衡供需。物联网的实时监测与数据分析能力，使得需求响应的实施更加精准有效。

通过物联网设备，电力公司可以实时监测各个用户的用电情况，并根据市场需求变化快速调整电价。当电力需求达到高峰时，电力公司可以通过智能设备向用户发送用电通知，建议他们在高峰时段减少用电。这种方法不仅能帮助用户节省电费开支，还能有效缓解电力供应的压力。

用户通过智能手机应用程序，可以实时获取用电信息，了解当前的电价波动和用电状况。根据这些信息，用户能够灵活调整自己的用电策略。在电价较低时段，可以选择开启高耗能的电器，从而达到节省电费的目的。这种灵活性不仅提升了用户的满意度，也增强了他们对电力市场的参与感。

应用物联网的需求响应管理还可以通过分析用户的用电模式，提出个性化的用电建议。电力公司可以通过大数据分析，识别出高峰时段的用电特征，进而设计出更具针对性的激励措施，鼓励用户在高峰时段减少用电。这种个性化的管理方式，有助于提高需求响应的参与率，推动电力市场的健康发展。

物联网的引入，使得需求响应管理变得更加高效和灵活。通过实时监测和分析，电力公司能够快速响应市场变化，确保电力供应的稳定性。这种智能化的需求管理模式为电力市场的可持续发展提供了有力支持。

3. 分布式能源管理

随着可再生能源的快速发展，分布式能源管理成为电力市场的重要议题。分布式能源是指小型、分散的电力生产设施，如家庭光伏发电和小型风电等。这些资源的灵活性和可再生性为电力市场带来新的机遇，但也增加了电力系统的复杂性。

物联网在分布式能源管理中的应用，能够实现对分散发电资源的实时监控和优化调度。通过智能传感器和控制系统，电力公司可以实时掌握每个分布式发电设施的发电能力和负荷需求，确保电力的有效调配。通过数据的收集与分析,系统能够预测未来的用电需求,自动调节分布式发电设施的运行状态,以应对用电需求的变化。当某个地区的用电需求急剧上升时,系统可以自动调动附近的分布式光伏电站,提高其发电输出,以满足用户的用电需求。这种智能调度不仅提高了电力供应的可靠性,也促进了可再生能源的利用。

物联网还能够支持用户之间的电力交易,用户可以通过物联网平台,将自家多余的可再生能源出售给邻近的用户。通过智能合约,交易过程将自动进行,确保交易的透明和高效。这种新型的电力交易模式不仅提升了用户的参与感,也为分布式能源的广泛应用创造了条件。

在物联网的助力下,分布式能源管理正朝着更加高效和智能的方向发展。通过实时的数据监控与分析,电力公司能够实现对分散资源的有效管理,推动可再生能源的广泛应用。

物联网在电力市场中的应用展现了其在智能电网建设、需求响应管理和分布式能源管理方面的重要潜力。通过智能设备的连接与数据的实时分析,物联网显著提高了电力市场的管理效率和灵活性,促进了用户的积极参与和可再生能源的广泛应用。智能电网的构建使得电力系统能够实现更加精准的调度与管理,保障电力供应的稳定性。在需求响应管理中,物联网提升了用户的参与感和满意度,为电力市场的灵活运作提供了支持。分布式能源管理则为可再生能源的接入与交易提供了新的解决方案,推动了电力市场的创新与发展。

随着物联网的不断进步,电力市场将迎来更为深刻的变革。智能电网的进一步发展将为实现高效、可持续的能源管理提供强有力的支持。通过与其他新兴技术的融合,物联网将在电力市场中发挥越来越重要的作用,为电力系统的现代化与智能化发展奠定坚实基础。这一进程将助力电力市场应对未来的挑战与把握机遇,推动其向更加智能、灵活和可持续的方向迈进。

四、综合技术对电力市场预测的影响

综合技术的应用正在深刻改变电力市场的预测模式,通过整合人工智能、大数据、云计算、物联网和区块链等多项技术，为电力市场的高效运营和决策提供了强大的支持。这些技术的相互结合，不仅提升了预测的准确性和及时性，还为资源配置和可再生能源的发展提供了新的机遇。

1. 提升预测精度与及时性

综合技术的应用提升了电力市场预测的精度与及时性。传统的电力需求预测方法通常依赖历史数据和线性模型，难以应对复杂的市场变化和突发事件。而通过结合人工智能和大数据分析，电力市场可以实现更为精准的预测。

大数据使得电力市场能够从多种来源收集信息，包括用户用电数据、气象数据、社会经济活动数据等，这些数据的多样性为电力需求预测提供了丰富的信息基础。通过使用机器学习算法，电力公司可以分析历史用电模式，识别出潜在的趋势与周期性变化。深度学习算法能够处理大量非线性数据，通过训练模型，可以预测未来几小时或几天内的电力需求。这种基于数据驱动的预测方法相较于传统统计模型，通常能够实现更高的准确率。

在预测的及时性方面，综合技术的应用同样具有显著优势。通过云计算技术，电力公司能够实现数据的实时处理和分析。在电力需求快速变化的情况下，云平台能够迅速整合来自不同地区和用户的用电数据，进行实时分析，及时调整电力调度。这种实时性确保了电力公司能够在需求高峰来临之前，提前做好准备，避免出现供电不足或过剩的情况。

物联网在电力需求预测中的应用也不可忽视。通过智能电表和传感器，电力公司可以实时收集用户的用电数据，监测电力设备的状态。这些实时数据为预测模型提供了重要的输入，增强了模型对突发事件的响应能力。通过实时监控，电力公司能够及时发现异常用电情况，快速调整供电策略。综合技术的应用显著提升了电力市场预测的精度与及时性，使得电力公司能够更灵活地应对市场变化，确保电力供应的稳定性。

2. 优化资源配置与管理

综合技术的整合不仅提升了预测能力，还优化了电力市场的资源配置与管理。电力市场的运行效率在很大程度上依赖资源的合理配置，而综合技术的应用为这一目标提供了新的解决方案。

通过精准的需求预测，电力公司能够提前制订合理的发电计划。在了解用户需求变化的基础上，电力公司可以合理安排传统发电设施和可再生能源的出力。在需求高峰期间，可以优先调动储备电源，确保用户的用电需求得到满足。这种动态的发电调度，不仅提高了资源利用率，还减少了能源浪费。

区块链在电力市场资源配置中的应用，为电力交易提供了更加透明和高效的机制。区块链的去中心化特性使得用户可以直接进行电力交易，减少中介的参与，降低了交易成本。在分布式能源的背景下，用户能够将自家发电的多余电力出售给邻近用户，促进资源的合理流动。这种灵活的交易机制为电力市场引入新的活力，提升了资源配置的效率。

人工智能在资源管理中也发挥了重要作用。通过对历史数据的学习，AI模型能够识别出用户的用电模式，并根据预测结果进行个性化的资源分配。这种智能化的资源管理，不仅提高了电力供应的灵活性，也增强了用户的参与感。电力公司可以根据用户的用电习惯，自动调整电价，鼓励用户在低峰时段用电，从而实现更合理的资源配置。

综合技术的应用在优化电力市场资源配置与管理方面发挥了重要作用。通过精准的需求预测和灵活的交易机制，电力市场能够实现更高效的资源配置，保障供电的稳定性和经济性。

3.促进可再生能源的广泛应用

综合技术的整合对可再生能源的发展具有深远影响。随着全球对可再生能源的重视，电力市场面临着大量清洁能源的接入需求。综合技术的应用为这一挑战提供了新的解决方案，促进了可再生能源的广泛应用。

综合技术使得可再生能源的预测与调度变得更加高效。通过大数据和人工智能的结合，电力公司能够准确预测太阳能、风能等可再生能源的发电能力。这种精准的预测能力，使得电力公司可以根据天气变化和市场需求，灵活调度可再生能源的发电。若预期风力发电较强，电力公司可以提前调度传统发电设施，减少其输出，从而提高可再生能源的使用比例。

物联网的应用提升了可再生能源的管理效率，通过智能设备的实时监控，电力公司能够实时掌握各类可再生能源发电设施的运行状态。一旦出现异常情况，系统能够自动报警并进行处理，确保可再生能源的稳定输出。

区块链在可再生能源交易中的应用，为其发展提供了新的机遇。通过区块链平台，用户不仅可以自主交易自家产生的可再生能源，还能够参与到更广泛的能源交易中。这种去中心化的交易模式打破了传统电力市场的壁垒，促进了可再生能源的流通与使用。智能合约的引入，使得交易过程更加高效透明，增强了用户的信任感。

综合技术的应用在促进可再生能源的发展方面具有重要意义。通过提升预测能力、优化管理效率和创新交易机制，电力市场能够更好地适应可再生能源的增长需求，为全球能源转型创造有利条件。

综合技术在电力市场预测中的影响深刻而广泛。通过整合大数据、人工智能、云计算、物联网和区块链等多项技术，电力市场不仅提高了预测的精度和及时性，还优化了资源配置，促进了可再生能源的发展。这一系列变革不仅增强了电力市场的灵活性和适应性，也为实现可持续发展的目标提供了重要支持。随着综合技术的不断发展与应用，电力市场将迎来更为深刻的变革。智能化、灵活化的电力市场不仅能更好地满足用户的多样化需求，还能够推动清洁能源的广泛应用，为全球应对气候变化、实现能源转型做出积极贡献。电力市场的高效运作将依赖综合技术的持续创新与融合，为全球能源的可持续发展提供强大动力。

第四节　电力现货市场预测的实践挑战

一、预测精度的提升难点

电力现货市场的预测精度会直接影响电力系统的稳定性和经济性。尽管近年来计算机技术和数据分析方法取得了显著进展，但提升电力市场预测的准确性依然面临诸多挑战。准确的需求预测不仅关系到电力供应商的经济利益，也关乎用户的用电体验和整个电力系统的安全。探讨预测精度提升过程中的难点，可以为相关研究和实践提供启示与方向。

1. 数据的多样性与复杂性

电力市场预测面临的第一个难点在于数据的多样性与复杂性。电力需求受到多种因素的影响，包括天气条件、经济活动、用户行为等。不同类型的数据在结构、来源和时间尺度上存在显著差异，这给数据整合和分析带来挑战。

天气因素是影响电力需求的重要变量。温度、湿度、风速等气象条件直接影响用户的用电行为。在炎热的夏季，空调使用频率大幅增加，从而导致电力需求激增；反之，温暖的冬季会减少取暖用电需求。气象数据的复杂性在于，天气变化的突发性和不确定性使得历史数据在短时间内无法准确预测未来趋势。

除了天气外，社会经济活动也显著影响电力需求。在经济快速发展的地区，工业用电需求随经济增长而增加，而经济增长放缓时，需求会大幅下降。用户的用电习惯和行为模式同样存在复杂性。节假日和特殊事件（如大型活动、体育赛事等）往往会导致用电需求的显著波动，这些影响因素的相互作用使得电力需求预测难以形成稳定的模型。

数据的获取与处理也面临挑战。尽管传感器和智能电表的普及使得数据收集变得更加便捷，但数据的清洗和整合过程依然复杂。不同来源的数据存在不一致性和缺失值，数据处理不当会导致模型的偏差和错误预测。电力市场预测面临的数据多样性与复杂性成为提升预测精度的首要难点。如何有效整合和分析不同类型的数据，是实现准确预测的关键所在。

2. 模型选择与适应性问题

第二个难点在于预测模型的选择与适应性问题。现有的预测模型多种多样，包括统计模型、机器学习模型和深度学习模型等，不同模型在处理数据、捕捉趋势和适应性方面存在差异，选择合适的模型对于提升预测精度至关重要。

统计模型，如时间序列分析，通常基于历史数据进行预测，适合处理稳定的、线性关系的数据，而电力需求往往表现出非线性和复杂的动态变化，这使得简单的统计模型难以捕捉潜在的规律。机器学习模型能够处理复杂的非线性关系，具备较强的自学习能力，但在模型选择和参数调优方面需要较多的专业知识。对于缺乏数据科学背景的电力公司，选择合适的机器学习模型是一项困难的任务。

深度学习模型在处理大规模数据时表现出色，能够提取数据中的高阶特征，但深度学习模型的训练通常需要大量标注数据和强大的计算资源，电力公司难以满足这些条件。深度学习模型的可解释性较差，使得预测结果的理解和应用面临困难。这种"黑箱"效应导致决策者对预测结果缺乏信任，从而影响决策的有效性。

市场环境的变化也要求预测模型具备良好的适应性。电力市场受到政策变化、技术进步和用户需求转变的影响，预测模型需要能够快速响应这些变化。模型的过拟合问题也是需要关注的，过于复杂的模型在训练数据上表现良好，但在实际应用中会导致较大的误差。模型选择与适应性问题是提升电力市场预测精度的重要挑战。如何选择和调整合适的模型，以应对复杂多变的市场环境，将直接影响预测的可靠性。

3. 市场动态与不确定性

第三个难点在于市场动态与不确定性。电力市场的运行受到多种因素的影响，包括政策变化、技术进步、市场竞争和突发事件等，这些因素的不确定性使得预测面临较大的挑战。

电力市场的政策环境经常发生变化。政府对可再生能源的扶持政策、碳交易机制的引入以及电力市场规则的调整等，都会直接影响电力的需求和供给。政府推出新的电价政策会导致用户用电行为的改变，从而影响电力需求的预测。这种政策的不确定性增加了预测难度，使得电力公司在制定决策时面临更高的风险。

技术的快速发展也对电力市场的动态产生影响，新技术的引入，如储能技术、电动汽车充电技术等，可以改变用户的用电模式和需求结构。电动车的普及导致充电需求的快速增加,这种变化需要在预测模型中及时反映。技术进步的速度和方向往往难以预测,会增加市场动态的复杂性。

突发事件,如自然灾害、疫情和地缘政治冲突等,都会对电力市场造成直接影响。这些事件通常具有高度的不确定性,使得电力需求出现剧烈波动。预测模型在面对这些突发事件时,往往难以做出准确判断,导致预测结果失真。市场动态与不确定性是提升电力市场预测精度的重要挑战。如何在高度不确定的环境中有效预测电力需求,需要不断完善模型和算法,以应对市场的变化。

电力现货市场预测的精度提升面临着数据多样性与复杂性、模型选择与适应性问题以及市场动态与不确定性等多重挑战。数据的多样性要求电力公司能够整合多源信息,并有效处理复杂的影响因素。模型的选择与适应性问题则要求在众多模型中找到最合适的方案,以应对不断变化的市场需求。市场动态与不确定性则为预测增加了更多变数,提升了预测的难度。

在应对这些挑战时,电力公司需要加强数据管理和技术投入,推动数据共享与协同创新。针对不同的预测需求,发展多样化的预测模型,提高模型的灵活性和适应性。加强对市场动态和不确定性的监测,提升对突发事件的反应能力,也是提升电力市场预测精度的重要途径。

二、数据获取与处理的难点

电力现货市场的预测精度在很大程度上依赖数据的质量与可获取性。随着技术的发展,数据来源日益多样化,数据量也显著增加。数据获取与处理过程中仍然面临诸多挑战。这些挑战不仅影响数据的有效利用,还直接制约预测模型的性能。深入分析数据获取与处理的难点,有助于明确电力市场预测的关键问题和未来改进的方向。

1. 数据来源的多样性与整合难度

电力市场的数据来源多样性使得数据整合成为一项复杂的任务,电力需求和供应的预测需要考虑多个因素,包括天气、用户行为、社会经济活动以及设备状态等。这些信息来源广泛，涵盖气象部门、用户终端、市场交易平台以及电力设施的实时监测系统。

天气数据的获取是电力需求预测中最为关键的环节之一，气象数据的实时性和准确性会直接影响预测的精度。虽然现代气象站和卫星技术能够提供高频率的气象信息，但不同气象站之间的数据标准和格式存在差异，使得整合过程变得复杂。温度、湿度、风速等变量在不同地区的测量方式不同，这就要求在数据处理时进行标准化，确保数据的一致性。

用户行为数据同样来源于多个渠道，包括智能电表、用户 App、社交媒体等。智能电表的普及使得实时用电数据的获取变得更加便捷，但这些数据的存储和格式差异使得大规模数据分析变得困难。用户行为受多种因素影响，如节假日、促销活动等，这些复杂的行为模式需要通过深度分析进行建模，进一步增加了整合的难度。

社会经济活动数据和设备状态监测数据的整合也存在挑战。经济活动数据往往来自不同的政府和商业统计机构，涉及多个层级的数据收集和报告。设备状态监测数据则依赖传感器和智能设备，这些设备的兼容性和数据输出标准往往不统一，使得整合的过程变得复杂。如何有效整合来自不同来源的数据，形成统一的数据集，以便于后续分析，是数据获取与处理中的一个难点。

2. **数据质量与完整性问题**

数据质量与完整性是影响电力市场预测的另一大挑战，即使获取了大量的数据，如果这些数据存在质量问题或不完整，预测结果也会受到严重影响。数据质量问题主要包括准确性、时效性和一致性。

数据的准确性会直接影响预测模型的性能，电力需求预测依赖准确的历史用电数据和相关影响因素的测量。如果数据存在误差，用户用电量的统计不准确，或者气象数据的记录存在偏差，都会导致模型产生误导性的预测结果。若某地区在特定时间段内的用电量被低估，则会导致电力供应不足，造成严重后果。

数据的时效性也是一个关键问题，电力市场的需求变化快速且动态，历史数据的时效性对于实时预测至关重要。如果所使用的数据滞后，则预测模型无法及时反映市场的实际情况,会影响电力调度的决策。在极端天气条件下,实时的气象数据和用电数据至关重要,延迟获取将直接影响市场的响应能力。

数据的一致性问题同样不容忽视,数据在收集和处理过程中会出现格式不一致、缺失值和重复记录等问题,这些问题会导致数据分析的结果不稳定。为了解决这些问题,数据预处理是必不可少的步骤,包括数据清洗、缺失值处理和异常值检测等。这一过程耗时耗力,且需要专业技术人员的干预。

3. 数据隐私与安全性考量

数据隐私与安全性是电力市场在数据获取与处理过程中面临的重要挑战。随着数据量的激增和数据来源的多样化,保护用户隐私和数据安全已成为不可忽视的问题。

用户用电数据的采集涉及大量个人信息,包括用电习惯和设备使用情况等。这些数据的使用必须遵循相关法律法规,如《中华人民共和国个人信息保护法》,确保用户的隐私权不被侵犯。在数据采集和分析过程中,如何合理利用用户数据,并在不泄露用户隐私的前提下进行有效预测,成为电力公司亟待解决的问题。

数据安全性问题也是电力市场需要重视的方面。电力市场对数据的依赖程度越来越高,一旦发生数据泄露或攻击,将对市场的正常运行造成严重影响。黑客攻击导致实时监测系统失效,从而影响电力调度和供应的稳定性。电力公司需要建立健全数据安全管理体系,采用先进的加密技术和安全协议,以保护数据在传输和存储过程中的安全。

数据共享与合作中的隐私问题也值得关注,电力市场的预测需要多个参与方的数据支持,包括政府机构、市场运营商和用户等。如何在保证数据隐私的前提下实现有效的数据共享与合作,是提升预测精度的重要课题。制定合理的数据共享政策,明确各方的权利与义务,将有助于推动电力市场的健康发展。

电力现货市场预测中数据获取与处理的难点主要体现在数据来源的多样性与整合难度、数据质量与完整性问题以及数据隐私与安全性考量等方面。这些挑战不仅影响数据的有效利用,还直接制约预测模型的性能。

为应对这些难点，电力公司需要加大对数据管理和处理技术的投入，提高数据整合和分析的能力。应建立健全数据质量管理体系，确保所用数据的准确性和完整性。加强对数据隐私和安全性的保护，建立良好的数据共享机制，将有助于提升电力市场预测的整体效率和可靠性。

三、模型泛化能力的问题

在电力现货市场中，预测模型的泛化能力是指模型在未见数据上的表现能力，一个优秀的模型不仅要在训练数据上表现出色，更重要的是能在新的、未见过的数据上保持稳定的预测精度。电力市场的动态特性和多变的环境使得模型的泛化能力面临诸多挑战，会直接影响电力系统的稳定性和经济性。分析模型泛化能力的问题有助于了解当前电力市场预测的局限性，并为今后的研究指明方向。

1.过拟合现象的影响

在构建预测模型时，过拟合是影响模型泛化能力的主要问题之一。过拟合指的是模型过于复杂，以至于它不仅捕捉到数据中的真实模式，还学习到噪声和异常值。这种情况在电力市场预测中尤为常见，因为市场数据往往具有噪声、波动和异常值。

过拟合现象使得模型在训练集上的预测精度非常高，但在测试集或实际应用中的表现却很差。这是因为模型缺乏适应新的、未见数据的能力，无法有效捕捉到数据的潜在规律。某一电力需求预测模型在特定时间段内对历史数据的准确预测，是因为它学习了历史数据中的噪声而非趋势。当市场环境发生变化，或者出现新的外部因素时，过拟合的模型往往无法做出有效调整，导致预测结果失真。

为解决过拟合问题，通常采用的方法包括简化模型、正则化、交叉验证等。简化模型能够降低复杂度，减少对训练数据的依赖，提升模型的泛化能力。正则化方法则通过引入惩罚项来约束模型的复杂性，有助于控制模型的自由度。

交叉验证则通过多次划分训练集和验证集来评估模型的泛化能力,从而选择最优模型。

在实际操作中,如何平衡模型复杂性与泛化能力之间的关系依然是一个具有挑战性的任务。电力市场的动态特性要求模型具备一定的灵活性和复杂性,以适应快速变化的需求和供应,在模型选择过程中需要进行细致的权衡和调整。

2. 数据分布的变化

模型泛化能力的另一个重要问题在于数据分布的变化,电力市场的需求和供应受到多种因素的影响,包括政策、经济活动、用户行为和环境条件等。这些因素的变化会导致数据分布的动态变化,从而影响模型的预测效果。

随着可再生能源的逐步普及,电力市场中的供需关系会发生显著变化。过去的数据无法代表未来的市场状态,模型在训练时所学到的规律在新的环境中失效。这种情况下,模型虽然在历史数据上表现良好,但在面对新情况时却会出现较大的预测误差。

数据分布的变化也会导致训练数据与测试数据之间的差异。在电力市场中,用户行为、天气条件和社会经济环境的变化使得不同时间段的数据特征存在显著差异。在某一特定年份,电力需求受到特殊天气条件的影响,而在另一个年份,政策变化导致需求结构转变。训练时的模型无法适应这些变化,导致泛化能力不足。

为应对数据分布变化的挑战,研究人员通常会采用在线学习或增量学习的方法。这些方法允许模型在接收到新数据时进行实时更新,以提高模型对新环境的适应能力。模型集成技术也可以通过结合多个模型的预测结果,增强整体的泛化能力。尽管如此,动态变化的市场环境仍然对模型的设计和应用提出了更高的要求,如何及时捕捉数据变化并进行相应调整,成为提升模型泛化能力的重要研究方向。

3. 特征选择与维度诅咒

特征选择与维度诅咒是影响模型泛化能力的另一个关键因素。在电力市场的预测中,通常会涉及大量的输入特征,包括历史用电量、气象数据、经济指标等。过多的特征不仅增加了模型的复杂性,也会导致模型的泛化能力下降。

维度诅咒是指随着特征维度的增加,数据的稀疏性和计算复杂性显著增加,导致模型在未见数据上的表现变差。在电力市场中,如果选择了过多的无关特征,模型不仅会面临过拟合的风险,还会因为数据稀疏导致无法捕捉到真正的模式。

特征选择的过程需要综合考虑特征的重要性和模型的复杂性,常用的方法包括过滤法、包裹法和嵌入法。过滤法通过评估特征与目标变量之间的相关性,选择出重要特征;包裹法通过训练不同特征子集的模型,选择表现最好的子集;嵌入法则是在模型训练过程中自动选择特征。

在电力市场中,合理的特征选择能够提升模型的泛化能力,确保模型对重要因素的敏感性,降低模型的复杂性。特征选择的过程也面临挑战,如何识别对预测有影响的特征,以及如何处理高维数据,是当前研究中需要进一步探索的问题。

电力现货市场预测中的模型泛化能力问题主要体现在过拟合现象、数据分布变化和特征选择与维度诅咒等方面。过拟合使得模型在训练数据上表现优异,但在实际应用中却无法保持稳定的预测效果。数据分布的变化要求模型具备良好的适应能力,以应对快速变化的市场环境。特征选择的合理性对于提升模型的泛化能力至关重要,过多的无关特征会导致模型性能下降。

为了应对这些挑战,电力市场的研究者和从业者需要在模型设计上进行持续探索,运用多种方法来提升模型的泛化能力。加强对市场动态的监测,及时调整模型以适应新环境,将有助于提升电力市场预测的准确性和可靠性。通过不断优化模型的设计和应用,电力市场的预测能力有望得到显著提升,从而为电力系统的安全与经济运行提供更为坚实的支持。

四、实际应用中的其他挑战

电力现货市场预测不仅依赖先进的计算技术和模型设计,还受到实际应用环境中的多重挑战影响。这些挑战不仅限于数据获取和模型泛化能力的问题，还包括市场的监管政策、技术实施的复杂性以及对预测结果的可解释性需求等。全面了解这些实际应用中的挑战，有助于更好地推动电力市场预测的发展，提高市场运行的效率和稳定性。

1. 市场监管与政策环境的影响

市场监管政策对电力现货市场预测的影响不可忽视。电力市场的运营通常受到政府和相关机构的严格监管，这些监管政策会影响市场的供需关系、价格波动以及数据的透明度。

电力市场中的预测模型需要适应不断变化的政策环境，政府会出台新的补贴政策或限制措施，影响可再生能源的投入和使用。这样的政策变动会直接影响电力供应和需求，导致市场的动态特性增强。对于预测模型，在设计时需考虑政策对市场的影响，以确保其适应性和有效性。

市场监管部门要求电力公司提供准确和及时的信息，以增强市场透明度。数据的可获得性和透明度直接影响预测的准确性。如果市场参与者无法获得可靠的市场数据，预测模型的效果将受到严重影响。在某些地区，电力市场的数据由于政策限制而无法公开，会导致预测模型面临信息不足的困境。

政策的不确定性也增加了市场预测的难度。在面临政策变动时，市场参与者会对未来的市场走势产生不同的预期，进而影响电力需求和价格波动。这种不确定性需要预测模型具备更强的适应能力，以便快速响应政策变化。

2. 技术实施的复杂性

电力市场预测的成功不仅依赖理论模型的构建，还与技术的实际实施密切相关。技术实施的复杂性主要体现在数据处理、系统集成和基础设施建设等多个方面。

数据处理的复杂性是技术实施的一大挑战，电力市场涉及的因素众多，数据来源广泛，如何有效地获取、存储和处理这些数据是一项复杂的任务。在实时监测中，数据流的高速生成和处理需要强大的计算能力和高效的算法支持。数据清洗和预处理过程也十分烦琐，尤其是在数据量巨大的情况下，如何快速准确地筛选出有效数据是技术实施必须面对的难题。

系统集成方面的挑战也不容忽视。在电力市场预测中，往往需要将多种技术和系统进行集成，包括传感器网络、数据存储、分析模型等。这些系统之间存在不同的通信协议、数据格式和操作平台，使得集成过程变得困难。系统集成不仅需要技术人员具备较高的专业技能，还需要跨学科的协作和协调，才能确保各系统无缝对接。

基础设施建设也是技术实施中的重要因素，电力市场预测需要依赖稳定和高效的计算及通信基础设施。当前部分地区的电力基础设施相对陈旧，无法支持先进的预测技术应用。提升基础设施的建设水平，确保其能够满足现代电力市场预测的需求，是推动技术实施成功的重要前提。

3. 预测结果的可解释性需求

随着电力市场对预测模型的依赖加深，预测结果的可解释性成为一项重要的需求。可解释性指的是模型能够提供清晰的依据，说明其预测结果的来源和原因。对于电力市场参与者而言，理解预测模型的运作机制和结果背后的逻辑，有助于增强对预测结果的信任，进而优化决策过程。

在电力市场中，模型的复杂性往往使其可解释性不足，深度学习模型虽然在预测精度上表现突出，但其"黑箱"特性使得结果难以被解释。这种情况下，即使模型的预测效果良好，也会因为市场参与者无法理解其背后的逻辑而对结果产生疑虑。这种不信任会影响市场参与者的决策，降低预测结果的实际应用价值。

提升预测结果的可解释性需要采取多种方法。采用可解释的机器学习算法，如决策树和线性模型，这些模型能够清晰地展示特征与结果之间的关系。模型后处理技术，如局部可解释模型-agnostic 解释器（LIME）和 SHAP 值，可以为复杂模型的预测结果提供可解释性支持。

可解释性的提升不仅有助于市场参与者理解预测结果，也能够为模型的改进提供反馈。通过分析特征对预测结果的贡献，可以识别出模型的不足之处，进而进行优化。这种可解释性需求的满足，将有助于提高预测结果的透明度和可信度，促进电力市场的健康发展。

电力现货市场预测的实际应用面临多重挑战，主要包括市场监管与政策环境的影响、技术实施的复杂性以及预测结果的可解释性需求。市场监管政策的变化直接影响预测模型的设计和效果；而技术实施的复杂性则要求在数据处理、系统集成和基础设施建设上付出更多努力；预测结果的可解释性不仅影响市场参与者对结果的信任，也决定了模型在实际决策中的应用价值。

为应对这些挑战，电力市场的研究者和从业者需采取综合措施，提升预测模型的适应性和可解释性，加强对市场动态和技术实施的关注。通过不断优化预测技术与方法，电力市场的运行效率和稳定性有望得到显著提升，这为电力供应与需求的有效管理提供了坚实基础。

结 语

随着全球对可持续发展的关注日益增强,电力现货市场的预测技术在实现高效能源管理和优化资源配置方面扮演着至关重要的角色。通过对计算机技术的深入探讨,本书展示了电力市场预测的复杂性及其发展潜力。在电力负荷预测、价格预测以及风险评估等关键领域,计算机技术不仅提升了预测的精度和可靠性,还推动了智能化和自动化的进程。这种转变为电力市场参与者提供了更为科学的决策依据,使他们能够有效应对市场波动和变化。

本书对电力现货市场的背景进行了系统性梳理,明确了市场的定义、特点及未来发展趋势;介绍了计算机技术的基本概念及其在能源领域的应用,强调其在电力现货市场中的独特优势;探讨了电力负荷和价格预测的理论基础,并对传统与现代预测方法进行了比较,揭示了机器学习和深度学习等新兴技术在提升预测准确性方面的应用价值;还对风险预测进行了分析,涵盖市场价格风险、负荷风险以及政策风险等方面,强调了计算机技术在风险评估中的重要性。

展望未来,电力现货市场预测的技术将持续向更高效、更智能的方向发展。随着大数据、云计算、人工智能等技术的快速发展,这些技术将不断渗透到电力市场的各个环节,促进市场智能化、透明化。特别是在新能源比例不断增加的背景下,市场预测技术的创新将对资源的有效利用和环境保护产生深远影响。面对预测精度提升、数据处理和模型泛化能力等多重挑战,行业亟待开展更加深入的研究与合作,以实现电力市场的可持续发展。希望本书的研究能够激励读者在电力市场预测领域进行更多的探索与创新,共同推动行业的发展与变革。

参考文献

[1]Mukherjee P, Coondoo D, Lahiri P. Forecasting Hourly Spot Prices in Indian Electricity Market[J]. Studies in Microeconomics,2024,12(3):273−295.

[2]Dias B B M, Lira S R G, Freire E M V. Methodology for Multi−Step Forecasting of Electricity Spot Prices Based on Neural Networks Applied to the Brazilian Energy Market[J]. Energies,2024,17(8):19−20.

[3]刘春丽.AI人工智能制造电力机械市场交易与电价预测研究[J].现代制造技术与装备,2023(S1):144−146.

[4]侯琳娜,蒙莹枝,苏菊宁,等.虚拟电厂运营风险评价研究[J].价格理论与实践,2023(06):156−161.

[5]相晓东,相少勋.智能技术在电力系统自动化中的应用[J].模具制造,2023,23(12):232−234.

[6]李冠霖.人工智能图像识别技术在电力系统中的应用[J].信息记录材料,2023,24(12):80−82.

[7]李超英.基于多智能体的电力市场发电主体运营策略优化研究[D].北京:华北电力大学,2023.

[8]向俊杰.碳市场与电力市场间风险溢出效应的研究[D].上海:上海财经大学,2023.

[9]丁惠敏.电力体制改革下YG售电公司服务营销策略研究[D].昆明:云南财经大学,2023.

[10] 韩昕檀. 适应新型电力市场的需求侧售电运营策略研究 [D]. 沈阳：沈阳工业大学,2023.

[11] 崔文康. 人工智能驱动的新能源发电功率非参数概率预测研究 [D]. 杭州：浙江大学,2023.

[12] 许东辉. 基于区块链的微网电力交易调度优化策略研究 [D]. 天津：天津理工大学,2023.

[13] 周琼. 电力供应链短期电力需求组合优化预测研究 [D]. 青岛：青岛大学,2023.

[14] 褟宗衡. 基于储能灵活能量状态的新型电力市场机制研究 [D]. 广州：华南理工大学,2023.

[15] 郝羽娜. 基于人工智能算法的电力市场监控 [D]. 南京：东南大学,2023.

[16] 陈冠廷. 基于区块链的需求响应交易与考核机制 [D]. 济南：山东大学,2023.

[17] 吴莹莹. 现货市场下基于风险评估的售电公司购售电策略研究 [D]. 太原：太原理工大学,2023.

[18] 蔡志远. 共享储能参与新型电力系统的优化调度策略研究 [D]. 北京：华北电力大学,2023.

[19] Magalhaes B G, Bento P M R, Pombo J A N, et al. Spot price forecasting for best trading strategy decision support in the Iberian electricity market[J]. Expert Systems With Applications,2023(8):16–18.

[20] 李沛东. 基于多智能体强化学习的电力市场发电商辅助报价技术研究 [D]. 成都：四川大学,2023.

[21] 杨娜, 江海龙, 李永波, 等. 适应安徽新型电力系统的容量成本回收机制研究 [J]. 安徽电气工程职业技术学院学报,2022,27(04):21-28.

[22] Gao B, Yan P, Liu X, et al. Short-term Electricity Price Forecast and Analysis Based on LSTM in Spot Electricity Market[J]. Journal of Electrotechnology, Electrical

Engineering and Management,2022,5(2):11–23.

[23]Shadi T, Jesús J, Eduardo C. Electricity Spot Price Modeling and Forecasting in European Markets[J]. Energies,2022,15(16):59–68.

[24]潘登. 电力市场环境下基于数字孪生和多智能体的电网规划研究[D]. 南京：东南大学,2022.

[25]罗迈. 电力市场下发电企业分时段交易定价研究[D]. 长沙：长沙理工大学,2022.

[26]Yang, Guang, Du, et al. Short-term Price Forecasting Method in Electricity Spot Markets Based on Attention-LSTM-mTCN[J]. Journal of Electrical Engineering & Technology,2022,17(2):1–10.

[27]Giordano L M, Morale D. A fractional Brownian-Hawkes model for the Italian electricity spot market: estimation and forecasting[J]. Journal of Energy Markets,2021,14(3):65–109.

[28]Gontijo S T, Costa A M, Santis D B R. Electricity price forecasting on electricity spot market: a case study based on the Brazilian Difference Settlement Price[J]. E3S Web of Conferences,2021(3):35–49.